Stefan Driess

GOTTES REDEN IM ALLTAG ERLEBEN

Handbuch Prophetie

Stefan Driess
Manchester, England
E-Mail: stefan@stefandriess.de
Webseiten: www.stefandriess.de
www.geistlichwachsen.de

PLUS CD-ROM mit Livemitschnitten von Seminaren des Autors

Die Bibelzitate wurden der Elberfelder Übersetzung in der Fassung von 2009 übernommen.

Lektorat: Liane Michel, Angela Paulus, Rita Eberhardt
Umschlagsgestaltung: Tanja Frank
Bildrechte für die Umschlagsgestaltung:
Buchgestaltung: Angela Paulus, Stefan Driess
Druckvorstufe & Produktion: Peter Ischka, Agentur PJI UG
Druck: CPI-Moravia - printed in Europe

Bezugsquelle:
Spiritual Development School (SDS)
www.spiritualdevelopmentschool.com   E-Mail: info@geistlichwachsen.de

ISBN 978-3-944760-00-1

VORWORT

Als ich 1989 das erste Mal bewusst Gottes Stimme hörte, wusste ich nicht, wie dieses Erlebnis mein Leben verändern würde. Es geschah in einem Weinberg, als ich mir gerade das Leben nehmen wollte. Der allmächtige Gott berührte mein Leben und sprach zu mir: *„Du sollst leben!"* Es waren diese Worte, die mich von einem ungläubigen und hasserfüllten Menschen, zu einem Jesus liebenden Gläubigen machten. Kurze Zeit darauf sprach Gott ein zweites Mal zu mir: *„Alles wird gut werden!"* - und wieder war mein Leben verändert. Heute, 23 Jahre später, bereue ich nicht, dieser Person, die zu mir sprach, gefolgt zu sein. Ja, es war Jesus Christus, den ich lange Zeit mit der Institution Kirche verglichen hatte und dabei gar nicht wusste, wie falsch ich damit lag.

Ich durfte erfahren und lernen, dass er auch heute noch mehr als je zuvor relevant und mehr ist, als nur eine Geschichte. Ich wusste nur wenig darüber, dass er uns den Heiligen Geist gab, um mit ihm zu kommunizieren und ihn besser zu verstehen. Durch seine Gnade und Geduld lehrte er mich, immer wieder durch meine Fehler, so dass ich nun auch weitergeben darf, was ich gelernt habe. Ich bin so dankbar, dass ich es mir von Anfang an, nicht so schwer gemacht habe, weil ich eine ganz einfache Theologie, d.h. ein ganz einfaches Gottesverständnis hatte: Wenn es Gott, gibt - dann kann er auch zu mir reden! Über die Jahre hinweg habe ich mir immer wieder Gedanken gemacht, wie wir anderen Menschen, die auch Jesus lieb haben, weiterhelfen können, damit sie in ihrer prophetischen Gabe wachsen können. Ich selbst lernte oft in schmerzhaften Prozessen wegen eigener Fehler. Wie froh wäre ich gewesen, wenn ich damals eine kleine Anleitung gehabt hätte, gerade so, wie sie in diesem Fernstudienkurs zu finden ist.

Ich liebe meinen Herrn und bin so froh, dass er zu uns spricht und zwar in kreativer Art und Weise. Jesus hat uns doch in Johannes 10 verheißen, dass wir, die wir ihm als seine Schafe folgen, seine Stimme hören können. Warum wird mir dann immer wieder gesagt: *„Ich kann Gott nicht hören?"* Natürlich kann es dafür verschiedene Gründe geben und doch kann ich aus jahrzehntelanger Erfahrung sagen, dass ein Nichthören von Gottes Stimme nicht daran liegt, dass wir ihn tatsächlich nicht hören können, sondern vielmehr daran, dass wir Gottes Reden nicht verstehen oder es uns nicht bewusst ist, dass er spricht. Was für ein wunderbarer Gott! Er hat sich uns nicht nur als liebender Vater vorgestellt, sondern auch als einer, der es liebt, zu uns und mit uns zu reden! Der Prophetische Dienst ist mehr, als nur zu hören, was Gott sagt und das Gehörte weiterzugeben. Der Sinn des prophetischen Dienstes liegt nicht darin - wie manche es vielleicht gerne hätten -, Menschen mit ausgestrecktem Zeigefinger öffentlich bloßzustellen. Jeder wahre und reife Prophetische Dienst versteht, dass es darum geht, dass die liebende Stimme des Vaters unentwegt den Kindern zuruft: *„Komme nach Hause!"*

Manchester 2013   Stefan Driess

WIDMUNG

Ich widme dieses Buch meiner Familie:

Meinen Adoptiveltern Giancarlo und Catherine Elia:

„Lieber DAD, liebe MOM, selbst mit 70 Jahren seid ihr noch weltweit für den Herrn unterwegs, vom Dschungel in Kambodscha bis hin nach Sibirien oder Thailand. Kein Weg ist euch zu weit oder zu schwer, um die Liebe des Vaters zu Einzelnen zu tragen. Niemand konnte mir die Liebe des Vaters so real zeigen wie ihr.“

Meiner lieben Frau LOUISE:

„Wie dein Name sagt, bist du eine wunderbare Streiterin Gottes. Aber vor allem bist du ein wunderbares Geschenk unseres liebenden Vaters an diese Welt. Es ist mir ein Vorrecht, dass wir zusammen diesen Weg gehen dürfen.“

Unseren Kindern GRACE und JOHN DAVID:

Grace ist meine kleine Künstlerin, John David mein Held.

„Ihr seid mir sehr wertvoll.“

Ich kann mir keine bessere Familie vorstellen.

„Ihr seid mir so ein Geschenk.“

PERSÖNLICHER DANK

Über die Jahre hinweg durfte ich neben dem Heiligen Geist immer wieder von wunderbaren Männern und Frauen Gottes lernen, entweder im direkten Austausch mit ihnen oder durch ihre Seminare. Die Lehre, und vor allem das Leben dieser Männer und Frauen, haben mit dazu beigetragen, dass ich da stehe, wo ich heute bin:

DR. SHARON STONE und ihr Ehemann GREG BLACK - sie ermutigten mich immer wieder, mehr zu ergreifen, als ich im Moment in meinem Leben sah. In ihrem Netzwerk CI Europe fand ich ein Zuhause mit Gleichgesinnten, die das Reich Gottes außerhalb der Kirchenmauern bauen. *„Eure Hingabe an Menschen ist mir ein Vorbild."*

JEANNINE RODRIGUEZ-EVERDES - Dank auch Jeannine - sie half mir, ein tieferes Verständnis über Träume zu bekommen. *„Danke für deine dienende Haltung in Bezug auf unser Land."*

DOUGLAS MUSKEL, JOHN PAUL JACKSON, GRAHAM COOK als bestätigte Propheten - durch ihre Lehre wurde ich so bereichert und ermutigt.

DR. BILL HAMON, ein Vater der Prophetie - seine Bücher waren mir gerade am Anfang meines prophetischen Dienstes eine solche Hilfe. *„Danke für deine Ermutigung während wir in Deutschland gemeinsam dienen durften. Es ist ein Vorrecht dich kennen zu dürfen".*

Meine Familie hat mich immer wieder unterstützt und ermutigt, Widerstände zu überwinden:
LOUISE, meine Frau - Ich danke ihr, dass sie all die Jahre an meiner Seite stand und mich immer wieder ermutigt hat, an meiner Berufung festzuhalten und die Propheten und Prophetinnen zu ermutigen. *„Danke, dass du mich freigesetzt hast zu reisen und dadurch viele zu segnen und freizusetzen, indem du mit unseren zwei wunderbaren Kindern zuhause die Stellung gehalten hast. Danke für deine Gebete, deine Freundschaft und deinem Durchhalten auch in Zeiten der Ablehnung und Verfolgung des Prophetischen, was auf uns liegt".*

GIANCARLO & CATHERINE - meine Adoptiveltern wurden mir zum Vorbild in ihrer Hingabe an Jesus und ihrer Bereitschaft alles zu tun, was der Herr von ihnen möchte.

MARIANNE - meine Schwester ist mir ein Vorbild wie niemand im Bereich prophetischer Evangelisation. *„Ich muss immer so über deine wunderbaren Erlebnisse mit dem Herrn lachen."*

Ein Mitarbeiterteam dient seit Jahren treu an meiner Seite:
DOREEN & RALPH SAMUEL, RAMONA & STEFAN KLINGER, CHRISTINA & CHRISTIAN GUTSCHE, KATHLEEN & DANIEL FALCKENBERGER - sie haben meine Entwicklungsprozesse mit dem Herrn begleitet. *„Ohne euch wäre vieles nicht möglich gewesen. Waren bereit selbstlos zu Investieren und immer wieder um des Reiches Gottes willen und ihrer Liebe zum Prophetischen mich zu unterstützen. Vielen Dank."*

Zahlreiche Helfer waren immer bereit, mich im Hintergrund oder auf Seminaren zu unterstützen (TATAJANA UND STEFAN MICHAEL ,JOCKEY, SABINE WAGNER, MIRJAM ZIMMERMANN). Beter und Ermutiger feuerten uns immer wieder an, entgegen aller Widerstände weiterzugehen. (MARLIES ZACH)

Besonders möchte ich auch einem Ehepaar danken, ANGELA & HERBERT PAULUS „Lieber Herbert: „danke, dass du deine Frau freigesetzt hast mit mir zusammenzuarbeiten." „Liebe Angela, vielen dank für deinen Einsatz, für die unzählbaren Stunden die du investiert hast um mit dem Layout des Kurses und Ideen die Schüler zu segnen.

Danke für deine Geduld und Flexibilität bei spontanen Veränderungen. Ich bin dem Herrn sehr dankbar für deine und euere Unterstützung auf vielfältige Art.

Vor allem danke ich JESUS für dieses Team : *„Ihr seid einfach spitze."* Das beste Team das man sich wünschen kann.

VON DENEN, DIE SCHON VORAB EINEN BLICK IN DAS BUCH GEWORFEN HABEN …

Uwe Dahlke

Was Stefan auszeichnet ist sein Verlangen zu lernen und vor allem grundehrlich aus Fehlern zu lernen. Ich habe diesen Wesenszug an Stefan viele Jahre beobachtet und seine beständige Reife und Vorwärtsentwicklung in seinem Dienst gesehen. Dieses Buch ist deshalb so wertvoll, weil es keine theoretische Abhandlung über das Prophetische ist, sondern vom „erlebten Leben" (trial & error) selbst geschrieben wurde. Ich wünsche diesem Buch, das es vielen den Weg in ihre eigene prophetischen Berufung ebnet und ihnen Mut macht sich auch von Fehlern nicht beirren zu lassen.
Uwe Dahlke ist Pastor des Christlichen Zentrums Karlsruhe (CZK); www.czk.de

Dr. Giancarlo Elia

Während vieler Jahre seines prophetischen Dienstes gelang es Stefan, einen tieferen und effektiveren Einsatz prophetischer Gaben mit geistlichem Wachstum und Reife zu verbinden. Wann immer er seine Gaben im Dienst an Einzelnen einsetzt, bringt Stefan eine herzliche Anteilnahme an den Menschen, denen er dient, zum Ausdruck – ganz wie ein liebevoller und hingegebener Pastor. In seinem Lehrdienst, war er stets um die geistliche Gesundheit und das Wachstum der Nachfolger Jesu bemüht. Was Stefan im Laufe eines langjährigen prophetischen Dienstes gelernt hat, bietet er den Lesern dieses so ganz anderen Lehrbuchs an: Es ist einerseits einfacher und andererseits tiefgründiger als vieles andere. Ich habe den Eindruck, dass dieses Buch den Lesern helfen wird, Schritt um Schritt, wahre Jünger Jesu zu werden, und unserem Gott der Liebe näher zu kommen, sodass ihr prophetischer Dienst in der Tat ein Dienst am Bau des Reiches Gottes wird. Ich denke , dass besonders die Verbindung von praktischer Lehre, die auf Erfahrung und nicht auf Theorie beruht, mit Wortbetrachtungen und inspirierenden Zeugnissen, eine schlichte, aber sehr kraftvolle Methode darstellt.
Dr. Giancarlo Elia leitet gemeinsam mit seiner Frau Catherine Light for the Nations Ministries; www.lttnm.org

Hans & Magdalena Gnann

„Meine Schafe hören auf meine Stimme" - dieses von Jesus gesprochene Wort bewegt uns immer wieder. Wir glauben, dass viele Menschen sich danach sehnen, jemanden zu haben, der mit Weitblick und gutem Rat zur Seite steht. Bevor Jesus zurück zum Vater ging, bereitete Er seine Jünger darauf vor, dass ein anderer Beistand, der Heilige Geist sie in Zukunft leiten wird. „Wenn aber jener kommen wird, der Geist der Wahrheit, wird er euch in die ganze Wahrheit führen. Denn er wird nicht aus sich selbst heraus reden, sondern er wird sagen, was er hört und euch verkünden, was kommen wird" (Joh.16,13). Stefan musste oft durch schmerzhafte Prozesse im Hören auf den Herrn lernen, Fehler zu vermeiden. So glauben wir, dass dieses praktische Buch für viele, die Jesus lieben und Ihm nachfolgen, eine große Hilfe und ein großer Segen sein wird.
Hans ist einer der Diezösensprecher der Charismatischen Erneuerung in der Katholischen Kirche; www.hansgnann.de

INHALTSVERZEICHNIS

VOM UMGANG MIT DEM HANDBUCH

In allen christlichen Denominationen, haben wir in den letzten Jahren, ein großes Verlangen danach beobachtet, Gottes Stimme für uns selbst und andere zu hören, zu verstehen und im Alltag anzuwenden. Ein wesentliches Ziel dieses Buches ist die Stärkung des biblischen Fundamentes, bezüglich der Gabe der Prophetie. Denn das Wort Gottes ist die Grundlage, auf der wir unseren Glauben aufbauen. Das vorliegende Werk unterscheidet sich von herkömmlichem Lehrmaterial dadurch, dass es zu den biblischen Grundlagen, auch Anleitungen zur praktischen Übung, und damit zum persönlichen Erleben anbietet. Wir wünschen dem Leser wunderbare Erfahrungen mit unserem liebenden Vater im Himmel.

Dieser Fernstudienkurs gliedert sich wie folgt:

MP3-SET: Durch das Anhören der Live-Mitschnitte kann man die Lehrinhalte aktiver aufnehmen. Die Ausführungen werden durch Fragen von Semiarteilnehmern bereichert.

HANDBUCH: Zusammenfassungen zentraler Aussagen der Lehrinhalte, Bibelstellen und Leerräume
Dieser Teil beinhaltet als Begleitmaterial zum MP3-Set Zusammenfassungen zentraler Aussagen und zahlreiche Bibelstellen. Zur vollständigen Erfassung der Lehrinhalte müssen die Aufnahmen hinzugezogen werden. In die Leerräume können eigene Notizen eingefügt werden.

In jedem Kapitel finden sich ergänzend dazu:

- ein MEDITATIONSVERS mit der hebräischen bzw. griechischen Bedeutung zentraler Begriffe, den sog. SCHLÜSSELWÖRTERN, dient als Anregung zum Eintauchen in die tiefen Dimensionen des Wortes Gottes.

- ERFAHRUNGSBERICHTE lassen den Leser an den Erlebnissen anderer Menschen teilhaben; sie sollen darüber hinaus Vorstellungen entwickeln, wie wir Prophetie im Alltag erleben können.

- Mit REFLEXIONSFRAGEN zum Abschluss der einzelnen Kapitel, wird dem berechtigten Wunsch des Lesers Rechnung getragen, einen persönlichen Bezug zur individuellen Lebenssituation herzustellen.

- Durch das Studium des WEITERFÜHRENDEN LEHRMATERIALS, können Themengebiete, die besonderes Interesse geweckt haben, aus verschiedenen Perspektiven angeschaut werden.

- PROPHETISCHES TAGEBUCH und PROPHETISCHE ÜBUNGEN: Hinsichtlich des Wachstums in der prophetischen Gabe ist es sinnvoll, für einen gewissen Zeitraum, den Fokus auf diese zu verschärfen und aufgeschriebene Eindrücke zu reflektieren. Hierfür eignet sich ein Prophetisches Tagebuch. Am Ende des Handbuchs, sind prophetische Übungen mit schrittweisen Anleitungen zur Durchführung aufgeführt.

PROPHETISCHES TAGEBUCH

Zielsetzung

Unser Leben lang lernen wir, das Reden Gottes tiefer und besser zu verstehen. Wir lernen auch die verschiedenen Arten, durch die er zu uns spricht, schneller und klarer zu unterscheiden. Je mehr Zeit wir mit dem Vater und seinem Wort verbringen, desto sensibler werden wir. Ein Schlüssel zur Beschleunigung dieses Lernprozesses ist das Eintauchen in die Ruhe Gottes und das Warten, nachdem wir Gott spezifische Fragen gestellt haben.

Die prophetische Gabe ist nichts anderes als die Fähigkeit zu empfangen.

Hören wir regelmäßig bewusst auf das Reden Gottes und notieren es, dann finden wir sehr schnell heraus, wie wir die Gabe bestmöglich nutzen können. Wir verstehen dann auch, zwischen der Stimme Gottes und den eigenen Gedanken, Ideen oder Wünschen, sicherer zu unterscheiden. Führen wir diese Übung über einen längeren Zeitraum durch, dann wird deutlich, auf welche Art der Herr im Moment besonders zu uns spricht; z.B. kann eine Person sehr stark als Seher von Gott hören und trotzdem lernen, Gottes Reden auf allen Wegen zu empfangen, die er nutzt, um zu uns Menschen zu sprechen.

In diesem Sinne: *„Viel Freude beim Hören auf das Reden Gottes und beim Aufschreiben."*

Tipps zur Durchführung und Reflexion

Es ist sehr wichtig, dass wir ehrlich zu uns selbst sind. Nach einiger Zeit des Praktizierens der prophetischen Gabe, wirst du vielleicht feststellen, dass du z.B. immer richtig gelegen hast, wenn du eine Vision hattest. Folgtest du einem Gedanken, war dieser nur zu 20% korrekt oder meistens stellte sich der erste Gedanke als richtig heraus und der zweite nicht. Vielleicht fällt dir auf, dass du beim Hören für Familienmitglieder sehr stark von deinen eigenen Wünschen beeinflusst bist und für fremde Menschen klarer hörst.

Lege dich nie auf eine bestimmte Art des Redens Gottes fest, auch nicht außerhalb der Übung, wie z.B. `OH, GOTT REDET NUR AUF DIESE ART ZU MIR` oder `ICH SPÜRE NUR DINGE.` Es gibt Phasen im Leben, in denen der Herr auf verschiedene Art spricht.

Wir wollen offen sein für alle Wege und uns nicht selbst begrenzen.

Du darfst den Herrn fragen: `BITTE GIB MIR EINEN TRAUM ODER EINE VISION ODER EIN ENGELSERLEBNIS.` Du solltest es ihm überlassen ob er deinen Wunsch erfüllt oder nicht. Bitte versuche nichts selbst zu erzeugen.

Es ist wichtig, dass wir unser Leben Jesus anvertraut haben und somit wiedergeboren sind; auch, dass wir um die Gegenwart des Heiligen Geistes im Leben bitten. Denn wenn wir nicht Jesus gehören, sind wir in der unsichtbaren Welt nicht geschützt und jeder Geist kann uns inspirieren. Wenn wir Jesus gehören, dann werden wir von ihm geschützt.

Nimm dir täglich Zeit auf Gott zu hören, aber überfordere dich anfangs nicht. Beginne mit fünf Minuten und steigere die Zeit allmählich.

Treffe Vorbereitungen:

- Suche dir einen ruhigen Ort und schalte alles ab, was stören kann; ziehe evtl. den Stecker des Telefons heraus.

- Schreibe auf, was dich beschäftigt und ablenkt.

- Lege das prophetische Tagebuch und ein Blatt Papier für weitere Notizen bereit.

Lerne in Gottes Gegenwart zu ruhen, einfach nur zu sein und nichts zu tun:

- Drücke zu Beginn dem Heiligen Geist gegenüber deine Erwartungen aus, z.B.: „LIEBER HEILIGER GEIST, ICH MÖCHTE JETZT MIT DIR ZUSAMMEN SEIN. ZEIGE MIR BITTE DEN VATER UND LEHRE MICH."

- Werde ruhig und warte.

- Bete jetzt auch nicht in Sprachen.

- Schreibe auf, was dich beschäftigt und aus der Ruhe bringen möchte.

Es ist normal, dass dir in diesem Moment alles Mögliche einfällt, z.B. was du nicht vergessen darfst oder unerledigte Aufgaben. Das Notieren dieser Gedanken gibt die Gewissheit, Wichtiges später nicht zu vergessen und hilft, innerlich ruhiger zu werden.

Es kann anfangs hilfreich sein, sanfte Anbetungsmusik zu hören. Ich empfehle jedoch, in der Stille zu üben.

Stelle dem Herrn spezifische Fragen, nachdem du mindestens fünf Minuten ruhig geworden bist. Die Fragen können lauten:

- „ZEIGE MIR BITTE ETWAS VON DEM, WAS HEUTE PASSIEREN WIRD."

- „ZEIGE MIR BITTE, WEN ICH HEUTE TREFFEN WERDE."

- „GIB MIR BITTE EIN SPEZIFISCHES WORT FÜR ... (NAME DER PERSON)"

Notiere im prophetischen Tagebuch:

- WAS hat er gesprochen?

  Schreibe auf was du bekommen hast und was du glaubst was es bedeutet

- WIE hat er es zu mir gesprochen?

  Gott nutzt unterschiedliche Arten, um zu sprechen, z.B. Bilder, Visionen, Gedanken, Bibelstellen oder Erlebnisse (» 3.5).

- Für WEN ist das Wort?

  z.B. Name, Land, Kirche oder Organisationen

- WAS soll ich damit tun?

  Beten Sie zuerst lange darüber und warten Sie auf Anweisung vom Herrn
  Erzählen Sie es nicht sofort weiter

Die Erfahrung zeigt, dass der Herr hier sehr hilft und Ihnen die nötigen Informationen zukommen lässt um zu wissen, ob Sie richtig gehört haben - daher keine Panik; der Herr ist in Kontrolle.

Überprüfe, inwieweit es eingetroffen ist:

- Nutze für die Notizen Farbstifte, z.B.

  rot   -   falsch gehört, ist nicht eingetroffen
  grün -   richtig gehört, ist genau so eingetroffen
  gelb -   richtig gehört, falsche Auslegung
  blau -   zu allgemein, könnte auf vieles zutreffen

- Achte auf einen überschaubaren Zeitraum und frage immer wieder nach:

  „VATER, WAS BEDEUTET ES?"
  „VATER, FÜR WEN IST ES?"
  „VATER, MUSS ICH ETWAS TUN?"
  „VATER, WAS TUST DU?"
  „VATER, WARUM GESCHIEHT ES AUF DIESE ART?"

- Schreibe auf, mit welchem Prozentanteil du richtig gelegen hast (50%, 60% ...).

Solltest du etwas für eine Person gehört haben, dann frag zunächst bei der Person nach, wie es ihr geht (ohne etwas von deinem Eindruck zu sagen). Vielleicht bestätigt die Antwort deinen Eindruck.

1 WENN GOTT SPRICHT

PROPHETIE ERLEBT

AUSZUG EINES PROPHETISCHEN WORTES VON STEFAN DRIESS VOM 11.01.2011

„Während ich spreche, sehe ich ein Fußballspiel, das abgebrochen wird, wegen einer Sache, die geschehen wird. Ich denke es ist ein Gebetsaufruf. Es ist ein Attentat geplant auf ein Fußballspiel, ein großes Ereignis, wo Menschen sterben sollen, und es ist eine Sache, bei der uns der Geist Gottes in die Fürbitte hineinruft. Das wird sich alles, wenn ich es richtig sehe, in drei bis vier Monaten entscheiden und wir können es durch Gebet verändern.

Denn das werden Prophetinnen und Propheten Gottes auch tun, Sie werden sehen, bevor es geschieht, und sie werden stehen im Geist zwischen den Mächten der Finsternis und den Menschen, und manchmal werden sie auch stehen, um zwischen dem Herrn und den Menschen zu vermitteln. Daher achtet darauf. Ich glaube, wir können es verhindern, wie dieses Flugzeugattentat damals. Und normalerweise hört man dann trotzdem was davon, normalerweise tut der Herr trotzdem etwas, um die zu bestätigen und ein Zeichen zu setzen."

AUSZUG EINES BERICHTES DER SÜDDEUSCHEN ZEITUNG VOM 01. APRIL 2011
DAS PERFEKTE ANSCHLAGSZIEL

„Ein Mann droht mit einem Anschlag auf das Dortmunder Stadion, das BKA findet Sprengsätze. Ob der 25-Jährige tatsächlich ein Attentat plante, ist unklar. Was bleibt, ist eine kuriose Geschichte um vorgetäuschten Islamismus und eine handfeste Erpressung, die ihren Anfang in Pakistan nahm.

Und womöglich gibt es auch kein geeigneteres Anschlagsziel, wenn jemand wirklich vorhat, möglichst viele Menschen zu töten. Das Stadion ist in letzter Zeit immer ausverkauft, 80720 Menschen drängen sich dann auf engstem Raum. Drei Sprengsätze haben Ermittler des Bundeskriminalamts in unmittelbarer Nähe des Stadions gefunden. Drei weitere lagerten in der Wohnung eines Verdächtigen in Krefeld."

Übersicht

Gott spricht und Dinge geschehen, wie wir es z.B. anhand der Schöpfung sehen. Seit Beginn der Menschheitsgeschichte spricht Gott persönlich zu den Menschen. Im Alten Testament waren ausgewählte Propheten Gottes Sprachrohr. Die Ausgießung des Heiligen Geistes leitete eine Wende ein. Von diesem Zeitpunkt an kann jeder Christ den Heiligen Geist empfangen und ist befähigt, Gottes Stimme zu hören.

Meditationsvers

> *FÜR MICH ABER, WIE **SCHWER** SIND DEINE **GEDANKEN**, GOTT! WIE GEWALTIG SIND IHRE SUMMEN! WOLLTE ICH SIE ZÄHLEN, SO SIND SIE ZAHLREICHER ALS DER SAND. ICH ERWACHE UND BIN DOCH BEI DIR. FÜR MICH ABER – WIE SCHWER SIND DEINE GEDANKEN, GOTT! WIE GEWALTIG SIND IHRE SUMMEN! PS. 139,17-18*

Schlüsselwörter

ZUM VERTIEFENDEN EIGENSTUDIUM

HIERFÜR STEHEN KEINE AUFNAHMEN ZUR VERFÜGUNG

- **SCHWER** – hebräisch yaqar: **WERT ERACHTEN, SCHÄTZEN, BEWERTEN**

  Kurzbeschreibung: wertvoll und geschätzt sein

- **GEDANKEN** – hebräisch rea: *ZIEL, ZWECK, ABSICHT, GEDANKE*

  Kurzbeschreibung: das Beurteilen einer Situation nach der Analyse der Hintergründe; es ist oftmals mit dem Treffen von Entscheidungen verbunden

1.1 Gottes Reden hat Auswirkungen

Wenn Gott seine Stimme erhebt, dann zeigt dies immer Auswirkungen, sei es in der sichtbaren oder der unsichtbaren Welt. Denn SEIN Wort kehrt nie leer zurück. Folgende Beispiele verdeutlichen mögliche Auswirkungen des Redens Gottes im Allgemeinen.

Zedern zerbrechen

Zedern sind sehr starke Bäume, die bis zu 40 Metern hoch werden können. Sie können hier symbolisch für Wohlstand, Kraft und Macht (Ps 92,13), aber auch für Stolz und Überheblichkeit stehen. Zedern dienten auch als Baumaterial, welches sich durch lange Haltbarkeit auszeichnet und von Insekten gemieden wird (Hes. 31,1-18). Symbolisch können sie Schutz vor Dämonen bedeuten. Sie wurden für den Bau von Palästen, Schiffen und den Tempel verwendet, also für Gebäude und Transportmittel mit Machtstatus.

Die Wüste Kadesch wurde erschüttert

Sie wurde zum Sterbeort der tanzenden Prophetin Mirjam.

_____

_____

_____

Nach der Niederlage gegen die Amoriter wurde die Wüste zum Ruheplatz für Israel.

_____

_____

_____

Sie war ein Ort der Ermutigung für die Kundschafter.

_____

_____

_____

_____

zum Nachdenken

GESCHIEHT ETWA EIN UNGLÜCK IN DER STADT,
UND DER HERR HAT ES NICHT BEWIRKT? AMOS 3,6

Jes. 55,11: **GOTTES WORT KEHRT NICHT LEER ZURÜCK** *und bewirkt, was ich will, und erreicht all das, wozu ich es ausgesandt habe.*

Ps. 29,5: Die Stimme des HERRN zerbricht Zedern, ja, der HERR zerbricht die Zedern des Libanon. Er lässt sie hüpfen wie ein Kalb, den Libanon und Sirjon wie einen jungen Büffel.

Hes. 17,22-24: ...und ich selbst werde von dem Wipfel der hohen Zeder (einen Trieb) nehmen und ihn einsetzen, von dem obersten ihrer Triebe werde ich einen zarten abbrechen und werde ihn selber einpflanzen auf einem hohen und aufragenden Berg. Auf den hohen Berg Israels werde ich ihn pflanzen; und er wird Zweige treiben und Früchte tragen und zu einer herrlichen Zeder werden. ... Und alle Bäume des Feldes werden erkennen, dass ich der Herr, den hohen Baum erniedrige ...

4. Mose 20,1: ...und das Volk blieb in Kadesch; und Mirjam starb dort und wurde dort begraben.

Ps. 29,8: Die Stimme des Herrn erschüttert die Wüste, der HERR erschüttert die Wüste Kadesch.

5. Mose 1,44-46: Da zogen die Amoriter aus, die auf jenem Gebirge wohnten, euch entgegen und jagten euch nach ... und ihr kehrtet zurück und weintet vor dem Herrn. Aber der Herr hörte nicht auf eure Stimme und neigte sein Ohr nicht zu euch. Und ihr bliebet in Kadesch viele Tage; eben die Zeit, die ihr dort bliebet.

LIES DIE BIBELSTELLEN UNTER FOLGENDEN FRAGESTELLUNGEN:

- WIE SPRICHT GOTT HEUTE ZU UNS DURCH DAS WETTER UND ZEITGESCHEHNISSE?

- WOFÜR KÖNNEN DONNER, HAGEL UND FEUER SYMBOLISCH FÜR UNS IN DER HEUTIGEN ZEIT STEHEN?

Es geschehen Reaktionen auf der Erdoberfläche

Die Erdoberfläche schmilzt.

Jes. 55, 11: Gottes Wort kehrt nicht leer zurück und bewirkt, was ich will, und erreicht all das, wozu ich es ausgesandt habe.

Ps. 29,4: Die Stimme des HERRN ist gewaltig, die Stimme des HERRN ist erhaben.

Donner, Hagel und Feuer treten auf.

Ps. 46,7: Nationen tobten, Königreiche wankten. Er ließ seine Stimme erschallen: die Erde zerschmolz.

Die Stimme des Herrn greift in natürliche Abläufe ein

Das Wetter ändert sich.

Ps.. 18,14: Und der HERR donnerte im Himmel, und der Höchste ließ seine Stimme erschallen mit Hagel und Feuerkohlen.

Ps. 29,9:: Die Stimme des Herrn macht Hirschkühe kreißen und lässt Zicklein vorzeitig gebären...

Die Feinde werden durch die Stimme des Herrn erschreckt.

Ps. 2, 5: Dann spricht er sie an in seinem Zorn, in seiner Zornglut schreckt er sie.

1.2 Gottes persönliches Reden entdecken

In der gesamten Bibel wird über das Reden Gottes zu Menschen berichtet. Es liegt in Gottes Wesen, mit uns Menschen zu kommunizieren. Gott offenbart seinen Charakter, indem er sich uns mitteilt.
Die gesprochenen Worte Gottes haben EWIGKEITSWERT. Jesus ist das lebendige Wort. Wir haben den Heiligen Geist, der heute zu uns spricht und uns ermöglicht, Gottes Stimme zu verstehen. Warum möchte Gott mit uns kommunizieren?

Gott möchte zu uns sprechen, ...

... weil wir von Gott geschaffen sind, seine Stimme zu hören.

_____

_____

_____

_____

... weil Gott uns seine Gedanken mitteilen möchte.

_____

_____

_____

... weil Gott Liebe ist.

_____

_____

_____

Also stellt sich für uns nicht die Frage, ob Gott überhaupt spricht, sondern welche Auswirkung sein Reden hat, und wie wir lernen können, seine Stimme zu hören. Wir dürfen glauben, dass Gott zu uns sprechen möchte, und ein Verlangen danach entwickeln. Wir sollen von ihm erwarten, dass er uns durch den Heiligen Geist sein Wort erklärt. Nicht nur unsere Erwartungshaltung ist entscheidend, sondern auch unsere Übung darin, Gottes Stimme zu hören.

zum Nachdenken

> WAS HAT GOTTES LIEBE
> MIT KOMMUNIKATION ZU TUN?

Ps. 81,8-9: In der Bedrängnis riefst du und ich befreite dich. Ich antwortete dir im Donnergewölk. Ich prüfte dich am Wasser von Meriba. Höre, mein Volk, ich will dich warnen. Israel, wenn du mir doch gehorchtest!

Spr. 20,12: DAS HÖRENDE OHR UND DAS SEHENDE AUGE, DER HERR HAT SIE BEIDE GEMACHT.

Joh. 10,27: Meine Schafe hören meine Stimme.

Ps. 139,17-18: Für mich aber – wie schwer sind deine Gedanken, Gott! Wie gewaltig sind ihre Summen....

Jes. 55,8: Denn meine Gedanken sind nicht eure Gedanken und eure Wege sind nicht meine Wege.

Joh. 15,15: Ich nenne euch nicht mehr Sklaven, denn der Sklave weiß nicht, was sein Herr tut; euch aber habe ich Freunde genannt, weil ich alles, was ich von meinem Vater gehört, euch kundgetan habe.

Reflexion

Wir sind herausgefordert, Gott zu glauben, dass er konkret zu uns spricht. Glauben kommt zum einen aus dem Hören des Wortes Gottes, zum anderen hat es sehr viel mit Vertrauen zu tun. Vertrauen zu Gott entsteht auf die gleiche Art wie zwischen Menschen, nämlich, indem wir miteinander kommunizieren und lernen, einander zu verstehen.

In welchen Bereichen meines Lebens entscheide ich mich bewusst Gottes Stimme zu hören?

_____

_____

_____

_____

_____

_____

Inwieweit bin ich der Meinung, meine eigenen Gedanken vom Reden Gottes in meinem Leben unterscheiden zu können?

_____

_____

_____

_____

_____

_____

Welche Bedeutung hat der Heilige Geist für mich persönlich?

_____

_____

_____

_____

_____

Weiterführendes Lehrmaterial**

Bücher	CD ROMs
Hinn, B.: Guten Morgen, Heiliger Geist.	Driess, S.: Betrübt nicht den Heiligen Geist, AUDIO CD
Kobialka, M.: Der Heilige Geist, sein Wesen und Wirken	
Meyer, J.: Wie man Gottes Reden hört	

_____

** erhältlich unter: www.grace-production.com

2 EINE HÖRENDE HERZENSHALTUNG

PROPHETIE ERLEBT

VON GOTT MITTEN INS HERZ GETROFFEN
EINE 50 JÄHRIGE FRAU BERICHTET ...

„Eines Tages kam eine Frau zu mir, die massiv in okkulte Praktiken verstrickt war. Sie erzählte mir von Ereignissen, die ich teilweise nicht fassen, aber glauben konnte. Diese Frau hatte den Wunsch, sich davon zu lösen und ihr Leben Jesus anzuvertrauen. Hierfür bat ich jemanden um Unterstützung. Diese Person selbst konnte mir allerdings nicht helfen, gab mir aber die eMail-Adresse von Stefan Driess mit den Worten: „er kennt sich bestimmt damit aus." Also schrieb ich ihm meine Fragen und wartete jeden Tag gespannt auf seine Antwort. Doch er reagierte nicht.

In der Zeit des Wartens durchlebte ich in meiner Heimatgemeinde schlimme Anfeindungen. Nach Anhörung vor den verantwortlichen Leitern der Gemeinde wurde meinen Anklägern geglaubt. Ich musste alle Ämter niederlegen. Freunde haben sich von mir distanziert, ein verletzender Telefonterror begann.
So kam ich an einen Punkt, an dem ich nicht mehr leben wollte. Auf einem Waldspaziergang flehte ich Jesus an und bat ihn, mich nach Hause zu holen. Es war mir so ernst damit und ich habe mir gewünscht, dass er einfach meinen Herzschlag zum Stillstand bringt. Ich schüttete mein Herz vor ihm aus und sagte ihm, wie sehr ich ihn doch liebe und alles für ihn tun würde, aber nun einfach keine Kraft mehr hätte.

Zuhause angekommen habe ich den Computer angemacht. Stefan Driess hatte geantwortet, nach fast einem Jahr - unglaublich! Nie werde ich vergessen, was er geschrieben hat: „Jesus weckte mich heute Morgen um 4 Uhr. Er sagte: Schreibe endlich dieser Frau in Deutschland und sage ihr: JESUS WILL, DASS DU LEBST."
Diese Prophetie traf mich wie ein Blitz mitten ins Herz.
Stefan konnte nicht wissen, dass ich sterben wollte; und mir hat der Himmel geantwortet!
Und übrigens: Jesus hat die Frau befreit. Sie liest eifrig in der Bibel und möchte nie wieder in ihr altes Leben zurück."

Übersicht

Wir können mit den Ohren hören und doch nicht die Botschaft des anderen erfassen. Auch unterscheidet sich unser menschliches Verständnis des Hörens individuell verschieden. In der Bibel wird das Wort „HÖREN" durch unterschiedliche Wörter ausgedrückt. Im Alten und Neuen Testament werden daher unterschiedliche Begriffe mit verschiedenartigen Bedeutungen verwendet. Durch das Studium dieser Wortbedeutungen bekommen wir ein tieferes Verständnis für die Heiligkeit Gottes, und häufig zitierte Bibelstellen rücken in ein völlig anderes Licht, z.B. der Meditationsvers. Die Bibel sagt auch, dass wir von Segnungen verfolgt werden, wenn wir auf die Stimme Gottes hören.

Meditationsvers

*MEINE **SCHAFE HÖREN** MEINE STIMME. JOH. 10,27*

Schlüsselwörter

ZUM VERTIEFENDEN EIGENSTUDIUM

HIERFÜR STEHEN KEINE AUFNAHMEN ZUR VERFÜGUNG

- **SCHAFE** – griech. probaton; hier probata: **KLEINE TIERE EINER HERDE**

  Kurzbeschreibung: Schafe, im übertragenen Sinn für Nachfolger Jesu;
  Es ist interessant, den kulturellen Hintergrund zu studieren; wie Schafe gehalten und geweidet wurden etc.

- **HÖREN** – griech. akouo; hier akuosin: auf jemanden oder etwas hören, hörend wahrnehmen; mit der Bereitschaft, Acht zu geben, zu **VERSTEHEN** und zu **GEHORCHEN**

  Kurzbeschreibung: Durch das Hören wird die Botschaft verstanden.

2.1 Hören nach dem Alten Testament

Z{\small UM VERTIEFENDEN} E{\small IGENSTUDIUM}

{\small HIERFÜR STEHEN KEINE} A{\small UFNAHMEN ZUR} V{\small ERFÜGUNG}

L{\small IES DEN} T{\small EXT UND DIE} B{\small IBELSTELLEN UNTER FOLGENDEN} F{\small RAGESTELLUNGEN:}

• W{\small ORIN BESTEHT DER} Z{\small USAMMENHANG ZWISCHEN HÖREN UND HANDELN?}

• W{\small ELCHE ALLGEMEINE} V{\small ERHEISSUNGEN} G{\small OTTES SIND} F{\small OLGE VON} G{\small EHORSAM?}

Verständnis vom Hören im Alten Testament

Das hebräische Wort für Hören lautet SHAMA. Dieses Verb bedeutet zunächst hören, dann auch gehorchen, sich nach etwas richten, befolgen. SHAMA bedeutet in unserem Sprachgebrauch: MAN VERSTEHT DAS GEHÖRTE, NIMMT ES AN UND HANDELT DANACH. Es umfasst verschiedene Bereiche:

das Wahrnehmen

_____

_____

_____

_____

das Nachsinnen und Erforschen

_____

_____

_____

das Anwenden dessen, was man gehört hat.

_____

_____

_____

_____

_____

Im Alten Testament folgt dem NICHTBEFOLGEN der Anweisungen Gottes häufig eine unmittelbare NEGATIVE KONSEQUENZ, wie folgende Begebenheit zeigt: Als der Herr durch Sacharja zum Volk Israel sprach, verschlossen sich die Menschen den Worten des Herrn. Das Volk weigerte sich, den Anweisungen Gottes nach zuverlässigem Rechtsspruch, barmherzigen Verhalten untereinander und Fürsorge gegenüber den Witwen Folge zu leisten. Als Konsequenz ihres Ungehorsams mussten sie ihr Land verlassen.

5. Mose 28,1 ff: ... Und es wird geschehen, wenn du der Stimme des Herrn, deines Gottes genau gehorchst, dass du darauf achtest, alle seine Gebote zu tun, die ich dir heute befehle, dann wird der Herr, dein Gott, dich als höchste über alle Nationen der Erde stellen. Und alle diese Segnungen werden über dich kommen ...

Spr. 8,34-35: Wohl dem Menschen, der mir gehorcht, dass er wache an meiner Tür täglich, dass er warte an den Pfosten meiner Tür. Wer mich findet, der findet das Leben und wird Wohlgefallen vom Herrn empfangen.

Sach. 7,11-13: Aber sie weigerten sich aufzumerken und zuckten widerspenstig die Schulter und machten ihre Ohren schwerhörig, um nicht zu hören. Und sie machten ihr Herz zu Diamant, um die Weisung nicht zu hören, noch die Worte, die der HERR der Heerscharen durch seinen Geist sandte durch die früheren Propheten; so kam ein großer Zorn auf beim HERRN der Heerscharen. ...

2.2 Hören nach dem Neuen Testament

Hören auf Gott als Ausdruck von Fasten

Durch das HÖREN AUF GOTT geben wir uns so sehr dem Herrn hin, dass es ein möglicher Ausdruck von BIBLISCHEN FASTEN sein kann. Denn durch das Fasten wenden wir uns Gott zu. Es geht dabei nicht darum, Gott zu bestimmten Handlungen zu bewegen. Wir sind fähig, Gottes Stimme zu hören, göttliche Wahrheiten zu lieben und darin zu wachsen.

Jak. 1,19:: Jeder Mensch **SEI SCHNELL ZUM HÖREN**, langsam zum Reden, langsam zum Zorn

Hören aus biblischer Sicht

Warum sollen wir LANGSAM ZUM REDEN und SCHNELL ZUM HÖREN sein? Ein Blick in die Bibel gibt uns Aufschluss darüber. Das griechische Wort für Hören lautet akouo. Dieses Verb meint einfaches Hören und Gehorchen (» 2.1).

Unsere eigenen VORSTELLUNGEN und inneren Haltungen beeinflussen unsere Art, auf Gott zu hören. Legen wir diese ab, werden wir fähig, mit unserem Herzen immer klarer Gottes Stimme zu verstehen.

Wir lernen es, indem wir uns in der Kommunikation mit dem Herzen des anderen verbinden und ihm ohne vorgefasste Meinung begegnen (»2.1. Denn der Heilige Geist stellt sich nur zu den Wahrheiten Gottes und nicht unseren menschlichen Vorstellungen. Somit braucht der Herr unsere OFFENHEIT für sein Reden, um zu uns zu sprechen zu können. Es geht um einen Austausch auf der Herzensebene und nicht um den verstandesmäßigen Austausch von Informationen.

Viele VERHEISSUNGEN im Wort Gottes beinhalten folgende Bedingung: *„Wenn ihr auf mein Wort hört, dann ..."* Hören wir mit einem gehorsamen Herzen und handeln danach, dann werden uns SEGNUNGEN folgen (» 2.1; 5. Mose 28,1 ff)

zum Nachdenken

> IN DEM MASS, WIE WIR DEN ANDEREN ZUHÖREN,
> HÖREN WIR AUCH DEM VATER IM HIMMEL ZU.

Dieses Wort wird auch oft zur Beschreibung von GLAUBEN verwendet. Im Umkehrschluss bedeutet dies: Wenn wir nicht hören, dann sind wir ungehorsam.

Es reicht also nicht, das Wort Gottes nur mit den Ohren aufzunehmen, sondern es muss mit VERSTÄNDNIS gefüllt werden und im Gehorsam gegenüber unserem himmlischen Vater in Aktion treten.

Sach. 7,11-13: Und ersint nicht gegeneinander Unglück in euren Herzen! Aber sie weigerten sich aufzumerken und zuckten widerspenstig die Schulter und machten ihre Ohren schwerhörig, um nicht zu hören. Und sie machten ihr Herz zu Diamant, um die Weisung nicht zu hören, noch die Worte, die der Herr der Heerscharen durch seinen Geist sandte durch die früheren Propheten, so kam ein großer Zorn auf beim Herrn der Heerscharen. Und es geschah: Wie er gerufen und sie nicht gehört hatten, so werden sie rufen, und ich werde nicht hören, ...

Ps. 42,8: Tiefe ruft der Tiefe zu beim Brausen deiner Wassergüsse; alle deine Wogen und deine Wellen sind über mich hingegangen.

Joh. 8,47: Wer von Gott ist, der hört Gottes Worte; darum hört ihr nicht, denn ihr seid nicht von Gott.

Matth. 7,26: Und jeder, der diese meine Worte hört und sie nicht tut, der wird mit einem törichten Mann zu vergleichen sein, der sein Haus auf den Sand baute.

2.3 Hören als Schlüssel zum gegenseitigen Verständnis

Oftmals nehmen wir wahr, was der andere zu uns sagt; .Aber verstehen wir wirklich, was er uns mitteilen möchte? Meist haben wir eine bestimmte Gewohnheit des Zuhörens entwickelt.

In Unterhaltungen gewinnen wir oft den Eindruck, dass der Andere uns über etwas informieren, seine Auffassung mitteilen oder uns von etwas überzeugen möchte. Wie genau erfassen wir jedoch, was unsere Mitmenschen uns wirklich sagen wollen?

_____
_____
_____
_____
_____
_____
_____

Jak. 1,19: DARUM, LIEBE BRÜDER, EIN JEGLICHER MENSCH SEI SCHNELL, ZUM HÖREN, LANGSAM ABER ZUM REDEN UND LANGSAM ZUM ZORN.

Auf welche Art hören wir zu?

Wir schenken dem anderen keine oder wenig Aufmerksamkeit.

_____
_____
_____
_____
_____
_____

Wir hören selbstbezogen zu, d.h. wir reagieren nur auf Inhalte, die uns selbst interessant erscheinen. Allen anderen Aussagen wird kein Gewicht gegeben.

_____
_____
_____
_____
_____
_____
_____
_____
_____
_____

Wir hören, was der andere sagt, versuchen das Gespräch jedoch in eine bestimmte Richtung zu lenken; wir wollen hauptsächlich unsere Meinung weitergeben.

_____

_____

_____

_____

Wir hören geistlich und vom Herzen her, indem wir uns innerlich mit der Person identifizieren und sie wirklich verstehen möchten. Hierzu suchen wir die Hilfe des Heiligen Geistes, um das Anliegen, das „HERZ", der Person zu erkennen.

_____

_____

_____

_____

_____

Wie hat Jesus als unser Vorbild Menschen zugehört?

_____

_____

_____

_____

Folgen des Zuhörens

Je mehr wir anderen Menschen zuhören, umso mehr Gunst und Einfluss werden wir erhalten. Denn unsere Haltung: `ICH HÖRE UNTER DER FÜHRUNG DES HEILIGEN GEISTES WIE ICH DER PERSON HELFEN KANN` schafft eine hohe Vertrauensbasis.

_____

_____

_____

_____

_____

Röm. 12,15-17 Freut euch mit den Fröhlichen und weint mit den Weinenden. Habt einerlei Sinn untereinander. Trachtet nicht nach hohen Dingen, sondern haltet euch herunter zu den Niedrigen. Haltet euch nicht selbst für klug. Vergeltet niemand Böses mit Bösem. Fleißigt euch der Ehrbarkeit gegen jedermann.

Probleme, die mit anderen Menschen geteilt werden, wirken sich weitaus weniger belastend aus als Sorgen, die niemand anvertraut werden.

_____

_____

_____

_____

_____

Durch Zuhören von Herzen drücken wir WERTSCHÄTZUNG aus und stellen unsere eigenen Bedürfnisse hintenan. Es ist ein Zeichen von Demut, wahrer geistlicher Reife und Integrität. In der Art und Weise, wie wir uns dem Gegenüber widmen, repräsentieren wir Jesus mehr oder weniger gut und gewinnen bzw. verlieren Vertrauen und damit möglichen Einfluss bei den Menschen. Wir erhalten wertvolle Einblicke hinter die Kulissen, verstehen Reaktionen des anderen und lernen dabei viel für uns selbst.

_____

_____

_____

_____

_____

3. Mose 19,16-18:
Du sollst nicht als ein Verleumder unter deinen Volksgenossen umhergehen. Du sollst nicht gegen das Blut deines Nächsten auftreten. Ich bin der Herr. Du sollst deinen Bruder in deinem Herzen nicht hassen. Du sollst deinen Nächsten ernstlich zurechtweisen, damit du nicht seinetwegen Schuld trägst. Du sollst dich nicht rächen und den Kindern deines Volkes nichts nachtragen und sollst deinen Nächsten lieben wie dich selbst. Ich bin der Herr.

In dem Maße wie wir Menschen zuhören, hören wir auch Gott zu.

_____

_____

_____

_____

ECHTE ANTEILNAHME ist für Menschen ein wertvolles Geschenk, weil es ihnen glaubhaft versichert: *„Du bist mir wichtig."*

_____

_____

_____

_____

Sprechen wir Dinge über Menschen aus, die ihr Leben zerstören, was häufig durch das Verbreiten von Gerüchten geschieht, dann machen wir uns vor Gott schuldig.

zum Nachdenken

> HÖRE ANDEREN ZU, SO WIE DU MÖCHTEST,
> DAS MAN DIR ZUHÖRT.

Reflexion

Unser echtes Interesse an Menschen zeigt sich auch in unserer aufnahmebereiten Zuwendung ihnen gegenüber und der Bereitschaft, voreilige Annahmen hinsichtlich möglicher Aussagen zu vermeiden. Da wir im Laufe des Lebens eine individuelle Art des Zuhörens als Gesprächskultur entwickeln, ist diese ein Teil unseres Charakters. Es hat jedoch auch sehr viel mit Vertrauen zu tun. Wir können davon ausgehen, dass wir unserem himmlischen Vater nicht wesentlich anders zuhören, als unseren Mitmenschen. Werfen wir einen Blick auf die biblische Bedeutung des Begriffs `hören`, dann erkennen wir, dass dieser auch beinhaltet, unseren Glauben und unser Handeln im Gehorsam unserem himmlischen Vater gegenüber auszurichten. Um aktives Zuhören bewusst anzuwenden, bedarf es zunächst der Reflexion des eigenen Verhaltens.

Höre ich nichts, weil Gott schon geredet hat?

In welche Bereiche meines Lebens lasse ich Gott nicht hineinsprechen, weil ich Festlegungen getroffen habe?

Wie kann ich feststellen, ob ich anderen Menschen und unserem himmlischen Vater wirklich zuhöre?

Weiterführendes Lehrmaterial**

Bücher	CD ROMs
Bevere, J.: Spricht so der Herr?	Driess, S.: Unsichtbare Welt II, AUDIO Set
Meyer, J.: Wie man Gottes Reden hört, erkennen Sie Gottes Stimme und treffen Sie die richtigen Entscheidungen	

** erhältlich unter: www.grace-production.com

3 DIE STIMME GOTTES VERSTEHEN

PROPHETIE ERLEBT

DAS SCHEINBAR UNMÖGLICHE WIRD DURCH GOTT MÖGLICH
EINE MEDIZINSTUDENTIN BERICHTET...

„Ich wuchs als Tochter eines Pastorenehepaars in einem christlich geprägten Umfeld auf. Als Jugendliche durchlebte ich eine persönliche Lebenskrise ohne Lust auf Schule und Lernen. Erwartungen von Menschen wurden von mir als Druck empfunden. In dieser Zeit litt ich unter starken Angstzuständen und Gedanken der Minderwertigkeit.

In dieser Situation erhielt ich ein Prophetisches Wort: „Gott hat Dir einen scharfen, intelligenten Verstand gegeben und Du wirst mit Professoren, studierten und gelehrten Menschen zusammenarbeiten. Sie werden sagen: Es ist nicht nur der Verstand der uns beeindruckt, sondern auch das Licht in ihren Augen. Gott wird Dir die Tür zu gelehrten Menschen öffnen."

Aus menschlicher Perspektive schien dieses Wort zum damaligen Zeitpunkt als unerreichbar. Damals absolvierte ich eine Ausbildung zur Krankenschwester und gewann Freude an der Medizin. Anschließend habe ich das Abitur gemacht und wollte auf dem Weg dahin mehrfach abbrechen. Bewerbungen auf einen Studienplatz in Medizin wurden ebenso mehrfach abgelehnt und mir nahestehende Menschen wollten mich von diesem Ziel abhalten. Also habe ich die Vision auf die Seite gelegt und das Prophetische Wort nahm seinen Weg in den Mülleimer. Persönlich durchlebte ich eine starke Krise. Mitten im Dunkel gab Gott mir einen Traum. Im diesem Traum war ich in einer Bibliothek, in der Schriftrollen aufbewahrt wurden. Viele Menschen waren nicht in der Lage, deren Inhalt zu entziffern, jedoch ich. Während ich sie las, bekam ich Freude. Dann habe ich die Schriftrollen an ihren Platz zurückgelegt; denn ein riesiges Tier hat mich bedrängt und zurückgehalten, weiter darin zu studieren. Das riesige Tier stand für einen Mensch aus meinem Umfeld, den Gott kurz danach aus meinem Leben genommen hat. Durch diesen Traum und die Umbruchsituation habe ich mich danach ausgestreckt, die verlorengegangene Vision wiederzubeleben. Die nächste Bewerbung auf einen Studienplatz war erfolgreich und die negativen Gefühle aus der Zeit der Perspektivlosigkeit sind verschwunden.

Gott hat mir bereits im Studium phantastische Türen geöffnet, mit Professoren zusammenzuarbeiten und ich bin trotz der Schwierigkeiten, welche das Studium mit sich bringt, sehr gesegnet."

Übersicht

Gott spricht zu uns durch sein Wort, benutzt aber auch viele andere Wege, wie Bilder und Eindrücke. Verschiedene Wege werden anhand von Beispielen aufgezeigt. Wir stärken in diesem Kapitel das Bewusstsein darüber, dass Gott sich danach sehnt, mit uns zu kommunizieren. Wir lernen, zwischen der Sprache Gottes in unserem Leben und unserem eigenen Denken zu unterscheiden.

Meditationsvers

> *DIE FESTE SPEISE ABER IST FÜR **ERWACHSENE**, DIE INFOLGE DER GEWÖHNUNG GEÜBTE SINNE HABEN ZUR **UNTERSCHEIDUNG** DES GUTEN WIE AUCH DES BÖSEN. HEBR. 5,14*

Schlüsselwörter

ZUM VERTIEFENDEN EIGENSTUDIUM

HIERFÜR STEHEN KEINE AUFNAHMEN ZUR VERFÜGUNG

- ***ERWACHSENE*** – griechisch teileiòn, von telos: ***PERFEKT, VOLLSTÄNDIG ENTWICKELT***

  Kurzbeschreibung: ordnungsgemäße Vollendung, das Endziel wurde erreicht.

  _____

  _____

  _____

  _____

- ***UNTERSCHEIDUNG*** – griechisch diakrisin, von dia/krinò: Der Begriff wird gebildet aus der Vorsilbe dia: ***GRÜNDLICH***, vor- und rückwärts und dem Wortstramm krin/o: ***BEURTEILEN, RICHTEN***

  Kurzbeschreibung: das Beurteilen einer Situation auf Grund der Analyse der Hintergründe, ggf. mit Treffen von Entscheidungen; die Fähigkeit zu unterscheiden und zu beurteilen

  _____

  _____

  _____

  _____

  _____

  _____

3.1 Gottes Stimme zu hören bereichert unser Leben

Gottes Stimme zu hören und zu verstehen ist notwendig, um seine spezifische und individuelle Führung zu erkennen. Das Wort Gottes haben wir als grundlegenden Leitfaden für unser Leben. Je mehr Gemeinschaft wir mit Jesus haben, umso besser verstehen wir ihn und die persönliche Beziehung wird intensiver. Im Natürlichen entwickeln wir auch Freundschaften, indem wir viel Zeit miteinander verbringen und Gespräche führen.

Unsere innige Beziehung zu dem Herrn zeigt sich in:

Intimität und Freundschaft

Was bedeutet es für uns, wenn Gott uns Freund nennt? Freundschaft spricht von einer verbindlichen und intensiven Beziehung. In einer Freundschaft hört man aufeinander und steht füreinander ein.

Übernatürlichen Frieden in Gott

Wenn Gott zu uns persönlich gesprochen hat, dann trägt es uns durch schwierige Zeiten und hilft uns, trotz Widerständen unbeirrt weiterzulaufen.

Beziehungen, die in Einheit und mit Zielsetzung gelebt werden

Bauen wir Beziehungen auf das Wort Gottes auf, dann brauchen wir nicht auf unserer eigenen Meinung zu beharren, sondern können uns auf den gemeinsam Herrn ausrichten.

Planvolles Handeln und Zielorientierung

Der Heilige Geist offenbart uns Strategien. Wir müssen auf Gott warten und den Herrn suchen, um seine Wegweisung zu empfangen.

_____

_____

_____

Schutz

Wenn wir im Willen Gottes leben und anwenden, was aus seiner Sicht für uns das Gute und Vollkommene ist, dann gehen wir unter dem Schutz Gottes. Gott steht für uns ein, wenn wir ausführen, wozu wir beauftragt sind. Er verteidigt uns und streitet für uns. Verfolgen wir allerdings unsere eigenen Wege, dann leben wir außerhalb des Willens und des Schutzraumes Gottes.

_____

_____

_____

Versorgung und Vorsorge

Gott kennt unsere Bedürfnisse und sorgt für sie, jedoch erwartet er von uns, dass wir im Gehorsam seinem Wort gegenüber leben.

_____

_____

Vorbereitung auf Veränderungen

Oftmals bereitet uns der Herr durch sein Reden zu uns auf Veränderungen in unserem Leben vor. Entwickle eine persönliche Beziehung zum Heiligen Geist und lerne sensibel und offen dafür zu sein (» Übung 1).

_____

_____

_____

Persönliche Veränderungen

Wenn Gott zu uns spricht, dann verändert es uns. Unser Vertrauen wird gestärkt. Wir sind motiviert und finden den Mut, ungewöhnliche Wege zu gehen (» Übung 2).

_____

_____

Jes.. 30,19ff.: Er wird dir gewiß Gnade erweisen auf die Stimme deines Hilfegeschreis. Sobald er hört, wird er dir antworten. Und hat der Herr euch auch Brot der Not und Wasser der Bedrängnis gegeben,.... Und wenn ihr zur Rechten oder wenn ihr zur Linken abbiegt, werden deine Ohren ein Wort hinter dir her hören: Dies ist der Weg, den geht!

Ps. 91,15: Er ruft mich an, und ich antworte ihm. Ich bin bei ihm in der Not. Ich befreie ihn und bringe ihn zu Ehren.

Jos. 1,7-8: ...dass du darauf achtest, nach dem ganzen Gesetz zu handeln, ... dann wirst du auf deinen Wegen zum Ziel gelangen, und dann wirst du Erfolg haben.

Biblische Beispiele für Veränderung durch das Reden Gottes:

- JOSEF war in der Lage, die schwangere Maria zu seiner Frau zu nehmen, weil Gott durch einen Engel im Traum zu ihm sprach.

- Jesus begegnete PAULUS (zu diesem Zeitpunkt hieß er noch Saulus) in einem hellen Licht und mit hörbarer Stimme. Dieses Erlebnis führte zu einer vollständigen Wende in seinem Leben.

3.2 Gottes Stimme persönlich kennenlernen

Gott ist sehr kreativ und nutzt völlig unterschiedliche Möglichkeiten und Wege, um von uns gehört zu werden. Er hilft uns damit, uns bewusst zu machen, dass er gerade mit uns spricht und zu verstehen, was er uns sagen möchte. Sind wir dafür offen, werden wir eine enge Beziehung zum Herrn entwickeln und unsere Sinne werden für das Reden Gottes geschärft. Dadurch fällt es uns immer leichter ihn zu hören.

_____

_____

Wie können wir lernen, Gottes Stimme zu verstehen?

Wir studieren in der Bibel das Leben von Jesus. Er ist der ultimative Offenbarer der Stimme und des Charakters Gottes.

_____

_____

Unabhängig von unserer Berufung sollte Jesus in allem unser Vorbild sein. Fragen wir uns regelmäßig im Umgang mit Menschen: „Wie würde Jesus handeln?"; dann sind wir auf dem besten Weg, ihm nachzueifern (» Übung 3).

_____

_____

Wir lesen regelmäßig das Wort Gottes. Es spiegelt in geschriebener Form das Königreich Gottes wieder.

_____

_____

Wir lernen den HEILIGEN GEIST kennen. Er ist Gottes Stimme, Lehrer und Mittler von Wahrheit.

» _Driess, S.: Betrübt nicht den Heiligen Geist, AUDIO CD**_

_____

_____

_____

**   erhältlich unter: www.grace-production.com

Mt. 1,20: Während er dies aber überlegte, siehe, da erschien ihm ein Engel des Herrn im Traum und sprach: Josef, Sohn Davids, fürchte dich nicht, Maria, deine Frau, zu dir zu nehmen!...

Apg. 6,3-18: ...plötzlich umstrahlte ihn ein Licht aus dem Himmel ... und sogleich fiel es wie Schuppen von seinen Augen, und er wurde sehend und stand auf und ließ sich taufen.

5. Mose 8, 3: ...DASS DER MENSCH NICHT LEBT VOM BROT ALLEIN, SONDERN VON ALLEM, WAS AUS DEM MUND DES HERRN GEHT.

Mt. 12,25: Jesus erkannte aber ihre Gedanken und sprach zu ihnen: Jedes Reich, das mit sich selbst uneins ist, wird verwüstet; und jede Stadt oder jedes Haus, das mit sich selbst uneins ist, kann nicht bestehen.
5. Mose 8,3: ...dass der Mensch nicht lebt vom Brot allein, sondern von allem, was aus dem Mund des HERRN geht.

Apg. 2,17: Und es wird geschehen in den letzten Tagen, spricht Gott, dass ich von meinem Geist ausgießen werde auf alles Fleisch, und eure Söhne und eure Töchter werden weissagen, und eure jungen Männer werden Gesichte sehen, und eure Ältesten werden in Träumen Visionen haben."

Wir hören auf die Stimme des PROPHETEN; er wird von Gott als Sprachrohr benutzt.

5. Mose 18,5: Einen Propheten wie mich wird dir der HERR, dein Gott, aus deiner Mitte, aus deinen Brüdern, erstehen lassen. Auf ihn sollt ihr hören.

Die Stimme des Heiligen Geistes kann auch ein PROPHETISCHES WORT sein.

Apg. 19,6: Und als Paulus ihnen die Hände aufgelegt hatte, kam der Heilige Geist auf sie, und sie redeten in Sprachen und weissagten.

ENGEL sind Gottes Boten und dienen uns hauptsächlich in der unsichtbaren Welt. (» 3.5)

» *Driess, S.: Keine Angst vor Engeln, AUDIO CD ; Driess, S: Unsichtbare Welt II, AUDIO CD**

Lk. 22,43: Es erschien ihm aber ein Engel vom Himmel, der ihn stärkte.

** erhältlich unter: www.grace-production.com

3.3 Hindernisse, Gottes Stimme zu hören und zu verstehen

Manchmal haben wir das subjektive Empfinden, Gottes Stimme nicht hören zu können oder sind aus unterschiedlichen Gründen blockiert. Nachfolgende Übung ermöglicht es, sich solche HINDERNISSE bewusst zu machen und mögliche Ursachen aufzuzeigen (» Übung 4).

Wie überwinden wir Blockaden?

Ein Beginn kann sein, diese im Gebet abzugeben (» nachfolgendes Gebet).

Schreibe bitte unter das Hindernis (H) die mögliche Ursache (U):

(H) Schuldgefühle und Anklage

(U) _____

(H) Herzenshärte, Bitterkeit, keine Vergebungsbereitschaft

(U) _____

(H) Falsche Lehre (z.B. ....)

(U) _____

(H) Angst, etwas falsch zu machen, etwas Falsches zu hören

(U) _____

(H) Ich fühle mich nicht danach, „...bin schlecht drauf".

(U) _____

((H) Ich weiß nicht genug

(U) _____

(H) Warum ausgerechnet ich?

(U) _____

(H) Warum ich nicht?

(U) _____

Weitere Hindernisse:

(H) _____

(U) _____

(H) _____

(U) _____

(U) _____

(H) _____

(U) _____

(H) _____

(U) _____

Gebet

Mein lieber himmlischer Vater, bitte verzeih mir, dass ich mich habe aufhalten lassen und dass ich nicht offen war für dein Reden.

Im Namen Jesus erkläre ich, dass ich mich nicht mehr zurückhalten lasse von den Lügen des Teufels. Jesus sagt, dass ich seine Stimme hören kann, und das ist die Wahrheit. Ich höre seine Stimme und lerne gerade, sie richtig zu verstehen, auszulegen und anzuwenden.

Ich habe keine Angst vor Fehlern. Einen Fehler zu machen bedeutet für mich zu lernen; und ich liebe es, vom Heiligen Geist zu lernen. Mit jedem Lernen werde ich stärker in Gott. Mein Vater wird auf eine Art zu mir sprechen, die ich verstehe.

Ich werde das Leben anderer Menschen bereichern und verändern, weil die Stimme Gottes durch mich fließen wird.
Dies alles tue ich zur Ehre meines Vaters im Himmel. Ich bin vollkommen geliebt und angenommen in Jesus; darum bin ich bereits erfolgreich und danke IHM dafür.

3.4 Empfange ein Wort von Gott

Gott spricht zu uns auf vielfältige Weise, unabhängig von unseren Gedanken, Gefühlen und Umständen. Oftmals spricht Gott gerade in unsere Unfähigkeit hinein und zeigt uns damit seine BARMHERZIGKEIT (» 3.3).

_____

_____

_____

Röm. 10,17: Also ist der Glaube aus der Verkündigung, die Verkündigung aber durch das Wort Christi.

Inwieweit wir jedoch hören und verstehen, was Gott zu uns spricht, hängt im Wesentlichen davon ab, in welchem Maße wir bereit sind, unsere vorgefertigten Wünsche und Erwartungen beiseite zu legen. Haben wir in einem bestimmten Bereich FESTLEGUNGEN getroffen, wird unser Hören davon beeinflusst. Haben wir z.B. die persönliche Lebensentscheidung getroffen, nie den Arbeitsplatz zu wechseln, dann sind wir nicht offen für ein Wort des Herrn diesbezüglich und werden es vermutlich falsch oder gar nicht verstehen (» 2.2 – 2.3).

_____

_____

_____

Glaube, dass Gott zu Dir spricht

Je mehr wir erwarten, umso mehr empfangen wir. Unsere Erwartungshaltung wird durch Glauben gestärkt. Ohne Glauben können wir nichts empfangen. GOTT SPRICHT PERMANENT. Nur wird es nicht immer wahrgenommen.
Wie können wir es schaffen, das menschlich Unvorstellbare zu glauben? Die Bibel sagt: *„Glauben kommt aus dem Hören des Wortes Gottes."*

Mit Gott zu kommunizieren ist ein LERNPROZESS. Je mehr Zeit wir mit Gott verbringen, umso genauer lernen wir, die Stimme Gottes von eigenen Ideen zu unterscheiden.

_____

_____

_____

_____

_____

zum Nachdenken

JE BESSER ICH MEINEN GOTT KENNE, DESTO KÜHNER WERDE ICH; JE MEHR ICH AUF MENSCHEN VERTRAUE, DESTO ABHÄNGIGER WERDE ICH.

3.5 Gottes Wege, um zu Menschen zu sprechen

Gott hat durch sein Wort einen Liebesbrief an die Menschen verfasst und offenbart uns darin seine Wahrheiten. Er zeigt uns seine Liebe auch, indem er auf unterschiedlichste Art und Weise spricht.

Nachfolgend werden häufige Arten des Redens Gottes beschrieben:

Unklare Sätze und bruchstückhafte Aussagen

Der Heilige Geist spricht direkt in unsere Gedanken hinein. Es können einzelne Wörter oder zusammenhängende Botschaften sein.
z.B. Der Herr gibt zuerst das Wort „Schwiegermutter". Wird diesem Gedanken nachgegangen, spricht er weiter.

Inneres Wissen und Eindrücke

Aus dem Nichts heraus entsteht ein sog. `inneres Wissen`. Plötzlich erhalten wir Informationen, die uns vorher nicht bekannt waren.
z.B. Während wir für jemand beten, sehen wir eine andere Person und wissen, dass es sich um die Schwester handelt.

Gefühle und Emotionen

Wir spüren plötzlich Gefühle, die wir uns nicht erklären können. Die Herausforderung besteht darin, diese Gefühle unter der Führung des Heiligen Geistes richtig auszulegen.
z.B. Während wir für eine Person beten, fühlen wir uns plötzlich und ohne ersichtlichen Grund traurig und realisieren, dass der Heilige Geist über Traurigkeit zu uns spricht.

Durch die Beantwortung folgender Fragen können wir herausfinden, was dieses Gefühl konkret bedeutet:

- Ist die Person, für die man gerade betet, traurig?

- Ist Gott über eine Situation im Leben der Person traurig?

- Hat oder hatte die Person mit Traurigkeit zu kämpfen?

- Besteht eine Gefahr für die Person?

- Gab es Gefahr im Leben der Person?

- Bin ich in Gefahr durch diese Person?

- Besteht eine Gefahr für die Gemeinde?

- Was möchte der Herr damit sagen?

Wir sehen in einer Person jemand anderen, Erinnerungen an jemand

Während wir eine Person anschauen, denken wir an jemand anderen. Es können auch Erinnerungen oder Emotionen in Verbindung mit ihr wieder lebendig werden. In diesem Moment möchte uns der Heilige Geist Parallelen zwischen diesen beiden Personen aufzeigen (» Übung 10).

z.B. Während wir den Heiligen Geist um ein Wort der Ermutigung für eine Person bitten, werden wir an Karl erinnert. Es kommt uns eine Situation mit Karl in den Sinn. Der Heilige Geist führt uns Charaktereigenschaften von Karl vor Augen, über die er auch zu der Person sprechen möchte.

zum Nachdenken

SIEH NICHT HINTER JEDEM BUSCH EIN PROPHETISCHES WORT, ABER SCHAU HINTER MEHR BÜSCHE.

Wir spüren etwas über einer Person

Ohne einen Menschen zu kennen, nehmen wir z.B. etwas von seinen Charaktereigenschaften oder seinen Emotionen wahr. Spüren wir die Gegenwart Gottes über ihm, dann ist es möglicherweise eine Aufforderung des Heiligen Geistes, den Herrn zu fragen, ob er durch uns zu ihr sprechen möchte.

z.B. Wir empfinden plötzlich eine tiefe Freude oder einen Schmerz, den wir nicht einordnen können. Es kann sein, dass Jesus dem Schmerz dieser Person begegnen möchte.

Wir schauen in die unsichtbare Welt hinein

Der Herr öffnet uns die geistlichen Augen für die unsichtbare Welt, dabei können z.B. Engel oder auch Dämonen gesehen werden. Eventuell können wir auch Personen mit abgebildeten Schriftzügen erkennen.

z.B. Wir sehen auf den Augen einer Person eine Binde. Diese Binde kann für geistliche Blindheit stehen.

„Navi" – Prophezeien

Wir beginnen zu sprechen, ohne etwas über einer Person zu sehen und etwas über sie zu wissen. Die Worte sprudeln einfach hervor (» Übung 11, » 3.5).

Erinnerung an ein Lied

Wir denken plötzlich an ein Lied und geben es der Person weiter oder fassen die Hauptaussagen des Liedes zusammen. Dabei bitten wir den Heiligen Geist um eine Auslegung für sie. (» Übung 12).
z.B. Denken wir an *„Die Güte des Herrn hat kein Ende ..."*, dann möchte der Herr zu dieser Person evtl. über seine Gnade und Barmherzigkeit sprechen.

Lied des Herrn

Der Herr gibt in seiner Gegenwart manchmal spontane Lieder und teilt uns seine Gedanken mit. Auch die Grundstimmung eines bereits vorhandenen Liedes kann ein Reden Gottes sein, bspw. schwere Musik kann für Traurigkeit stehen.
z.B. Die singenden Propheten in 1. Samuel 10,5 weissagten mit ihren Instrumenten.

Von Mensch zu Mensch

Gott spricht in ganz normalen Unterhaltungen zu uns.
z.B. Während eines Gesprächs sagt der Gesprächspartner einige Sätze, die exakt die Antwort auf eine persönliche Frage sind. Die Worte berühren direkt unser Herz.

40

Wort Gottes als Lehre oder Predigt

Biblische Lehre hilft uns, das Herz Gottes besser zu verstehen, gibt uns Denkanstöße und bewirkt Veränderungen in unserem Leben. Die Liebe unseres himmlischen Vaters begegnet uns. Wir lernen ihn besser kennen und unser Glauben wird gestärkt.

Schriftzüge

Werbeslogans, Schlagzeilen oder Autokennzeichen fallen uns ins Auge. Wenn es mehrfach bestätigt wird, dann kann es ein Reden Gottes sein.

Natur und natürliches Umfeld

Gott spricht durch Naturgewalten wie Erdbeben und Stürme, aber auch durch Sterne, Tiere oder in Alltagssituationen.
z.B. In Jeremia 19 spricht der Herr durch das Zerbrechen eines Kruges über ein kommendes Gericht.

1. Mose 15,5: Und er führte ihn hinaus und sprach: Blicke doch auf zum Himmel und zähle die Sterne, wenn du sie zählen kannst! Und er sprach zu ihm: So zahlreich wird deine Nachkommenschaft sein.

Jer. 19,1 ff: So spricht der Herr: Geh und kauf einen vom Töpfer gemachten Krug und nimm mit dir einige von den Ältesten des Volkes und von den Ältesten der Priester ...

Prophetische Zeichenhandlung

Manchmal werden wir von Gott aufgefordert, entweder durch unser Verhalten oder eine bestimmte Handlung ein prophetisches Zeichen zu setzen. Gott verbietet auch manchmal bestimmte Dinge wie Fernsehen oder Alkohol.
z.B. Jesaja läuft drei Jahre nackt bzw. in Unterwäsche und barfuß als Zeichenhandlung im Blick auf Ägypten (Jes. 20,1-6).

Jes. 20,1-6: ... Geh und löse das Sacktuch von deinen Hüften und ziehe deine Sandalen von deinen Füßen! Und er tat es, ging nackt und barfuß. Da sprach der Herr: Ebenso wie mein Knecht Jesaja nackt und barfuß gegangen ist, drei Jahre lang als Zeichen und Wahrzeichen über Ägypten und über Kusch, so wird der König von Assur die Gefangenen Ägyptens und die Weggeführten von Kusch wegtreiben ...

Gegenstände und Symbole

Nutzt Gott Gegenstände, dann kommuniziert er symbolhaft, auf ganz persönliche und individuelle Weise. Jeder muss für sich selbst herausfinden, auf welche Art Gott persönlich zu ihm spricht. Es können auch Symbole wie Zahlen sein.
z.B. Eine Person geht im Wald spazieren und steht vor einer großen Eiche. Gott möchte dieser Person sagen, dass sie in Gottes Augen so stark wie eine Eiche ist.

Bild im Raum, Spruch an der Wand oder auf dem T-Shirt

Fällt der spontane Blick auf bestimmte Dinge und bleiben diese im Gedächtnis, dann möchte Gott manchmal etwas mitteilen.

Wenn Dinge in unserem Leben passieren...

Lebenssituationen sind häufig für uns persönlich ein göttliches Trainingsfeld. Je schneller wir uns den Prozessen Gottes stellen, umso früher löst sich manchmal eine schwierige Situation. In kritischen Momenten lernen wir, indem wir Gott fragen: `WAS KANN ICH IN DIESER SITUATION LERNEN?`

_____
_____
_____
_____
_____
_____

Engel und Engelsbesuche

Gott spricht zu uns, indem er uns die Augen für die UNSICHTBARE WELT öffnet und uns Engel zeigt. Wir dürfen und sollen dies erwarten.
z.B. Ein Engel mit einem Schwert kann bedeuten, dass Zeiten des Kampfes bevorstehen.

» _Driess, S.: Keine Angst vor Engeln, AUDIO-CD_**

_____
_____
_____
_____
_____
_____

Namen

Unsere Namen haben eine Bedeutung. Biblische Namen weisen meist auf eine Berufung im Leben eines Menschen oder eine Wesenseigenschaft hin, die Gott besonders gebrauchen möchte (» 8.3).
z.B. Immanuel bedeutet „GOTT IST MIT UNS".

_____
_____
_____
_____
_____
_____

** erhältlich unter: www.grace-production.com

Persönliche Zeichen (Vlies)

In besonderen Situationen können wir Gott um ein ÜBERNATÜRLICHES und PERSÖNLICHES ZEICHEN bitten. Gemäß Ri. 6 wird es als Vlies bezeichnet. Es muss ein übernatürliches Zeichen sein, so dass es von niemandem beeinflusst werden kann. Dieses sollte so selten wie möglich genutzt werden, nur als letzte Möglichkeit in schwierigen Zeiten. Es ist eine geringere und unpersönlichere Form der Offenbarung.

z.B. Gideon: Um ganz sicher zu sein, dass er im Auftrag Gottes die Midianiter angreifen soll, legte Gideon zweimal nachts ein Vlies (eine Art Wolldecke) aus. Er erbittet sich von Gott zur Bestätigung seines Auftrags, dass am folgenden Morgen nur das Vlies durch den Tau nass sein soll und der umliegende Boden nicht. Gideon bittet Gott sogar noch ein zweites Mal um ein Zeichen, bei dem sich der Tau genau umgekehrt verteilen soll. Gott gibt ihm zur Bestätigung beide Zeichen.

Manifestationen des Geistes

Sie sind vergleichbar mit den Kraftwirkungen oder Geistesgaben gemäß 1. Korinther 12. Im griechischen Text wird dies als `DIE WIRKUNGEN DER VERSCHIEDENEN KRÄFTE` beschrieben und oft als `DIE GABE WUNDER ZU WIRKEN` übersetzt.

Ri. 6,3 und 6-40: Und Gideon sagte zu Gott: Wenn du Israel durch meine Hand retten willst, ... ich lege (frisch) geschorene Wolle auf die Tenne. Wenn Tau auf der Wolle allein sein wird und auf dem ganzen Boden Trockenheit, dann werde ich erkennen, dass du Israel durch meine Hand retten wirst, wie du geredet hast. Und es geschah so. ...

LIES DEN TEXT UND DIE BIBELSTELLEN UNTER FOLGENDEN FRAGESTELLUNGEN:

- FINDE ICH BIBLISCHE BEISPIELE ZU DEN JEWEILS GENANNTEN MÖGLICHKEITEN GOTTES UM ZU UNS ZU SPRECHEN?

- WIE REAGIERTEN IN DEN GESCHILDERTEN BEISPIELEN DIE MENSCHEN DARAUF?

Sanfte Stimme

Der Heilige Geist spricht sehr leise und sanft in unsere Gedanken hinein
(» Übung 6).
z.B. Während des Autofahrens denkt Paul plötzlich an Tante Erna und spürt, wie der Heilige Geist ihn darum bittet, sie zu besuchen. Der Gedanke ist weder drängend noch fordernd, sondern einladend

Bibelstellen

Wir werden an eine Bibelstelle erinnert oder wir lesen in der Bibel. Dieses Wort trifft mitten ins Herz und gewinnt eine besondere Bedeutung (» Übung 7).
z.B. Eine Person gerät in eine schwierige Lebenssituation. Während sie an Psalm 23 „Der Herr ist mein Hirte ..." denkt, bekommen die altbekannten Worte eine tiefe persönliche Bedeutung für sie. Sie werden lebendig und die vorhandene Perspektivlosigkeit wird in Hoffnung verwandelt.

Visionen und Träume

Jeder Mensch träumt mehrmals in der Nacht. Gott spricht auch in Träumen zu uns, wobei nicht jeder Traum eine Botschaft Gottes an uns enthält. Wir sollten den Traum unmittelbar aufschreiben und unter der Leitung des Heiligen Geistes interpretieren
(» Kap. 8 » Übung 8).

» Driess, S., Rodriguez, J.: Wie kann ich meine Träume verstehen, MP3 Set 2

Filme

Wir schauen einen Film und der Heilige Geist inspiriert uns durch die Handlung oder Menschen und spricht zu uns.

Erinnerung an eine Begebenheit

Wir denken ohne erkennbaren Grund an ein persönliches Erlebnis der Vergangenheit. Gott möchte evtl. diese Erinnerung nutzen, um über eine vergleichbare Situation oder eine ähnliche Empfindung in das Leben der anderen Person hineinzusprechen (»Übung 9).

z.B. Eine Person erinnert sich sehr lebhaft an ein Fußballspiel aus längst vergangenen Tagen. Ihre Mannschaft gewann das Spiel entgegen aller Erwartungen, weil in der vorletzten Minute ein Tor gefallen ist. Sie kann den Heiligen Geist nach der Interpretation fragen. Diese könnte lauten: *Ermutige dein Gegenüber, nicht aufzugeben, egal wie die Umstände aussehen. Es ist das Potential vorhanden, die Schwierigkeit siegreich zu meistern.*

_____

_____

_____

_____

_____

_____

_____

_____

_____

_____

Wir sehen im Leben einer Person Situationen aus deren Vergangenheit

Erlebnisse aus der Vergangenheit einer Person kann der Heilige Geist z.B. durch ein Bild, eine Vision oder ein sog. `inneres Wissen` als Wort der Erkenntnis offenbaren. Die andere Person weiß dann selbst, was geschehen ist. Für sie ist es interessant zu erfahren, was der Herr dazu sagt.

z.B. Im Gebet für jemanden sieht eine Person einen Streit, der vor einigen Tagen zwischen ihr und ihrem Ehemann gewesen ist. Im Streit hat sie ihm mit Scheidung gedroht. Der Herr kann dieses Wort der Erkenntnis nutzen, um ihr zu zeigen, wie er ihren Ehemann sieht. Das hilft ihr, Dinge zu verstehen und einzuordnen.

_____

_____

_____

_____

_____

_____

_____

_____

_____

_____

_____

Hobbies, Persönliche Interessen

Dinge, die uns interessieren und Spaß machen, entsprechen häufig den von Gott gegebenen Begabungen für unser Leben. Besonders gut ist es darauf zu achten, wofür wir uns bereits im Kindesalter interessiert haben. Die können evtl. auch eine Hilfestellung beim Herausfinden der Berufung Gottes für unser Leben sein.

_____

_____

_____

_____

_____

_____

_____

_____

_____

_____

_____

Körperliche Manifestationen

Häufig gibt der Herr Worte der Erkenntnis bezüglich körperlicher Symptome wie Schmerzen oder Kälte. Plötzlich spürt man einen Schmerz an einer Körperstelle, an der man weder zuvor Schmerzen hatte noch nach dem Gebet haben wird. Während man für die Person betet, kann man auch spüren, wie die Beschwerden weichen oder Kraft von einem ausgeht.
z.B. Jesus spürte, dass Kraft von ihm ausging, als ihn die blutflüssige Frau anrührte.

_____

_____

_____

_____

_____

_____

_____

_____

_____

_____

_____

Die fünf geistlichen Sinne

Gott spricht durch unsere Sinne und lässt uns Dinge bewusst wahrnehmen:

- Fühlen

  Durch den Heiligen Geist können wir fühlen und erspüren von Dingen, die wir nicht verstehen. Wir wissen es einfach. Es können Gefühle von anderen Menschen aber auch Blockaden in deren Leben sein. z.B. Wir spüren Traurigkeit oder Schmerz über einer Person.
- Riechen

  Wir riechen über einzelnen Personen, Gruppen oder Nationen was in den Augen des Herrn falsch ist. z.B. kann uns der Heilige Geist durch einen schlechten Geruch offenbaren, wenn wir angelogen werden.
- Weitere Sinneswahrnehmungen sind das Schmecken und Hören.

Reflexion

Gott spricht in erster Linie durch sein Wort zu uns. Es ist also wichtig, regelmäßig in der Bibel zu lesen und sich Zeit für den Herrn zu nehmen. Zusätzlich nutzt Gott viele kreative Wege und gibt uns mehrere Hilfestellungen zum Begreifen und Verstehen seiner Botschaften. Der Heilige Geist leitet uns. Viele Menschen haben für eine bestimmte Art des Redens Gottes eine besondere Gabe, z.B. das Sehen. Sie können im Laufe der Zeit lernen, auch auf anderen Kanälen zu empfangen.

Was bedeutet es für mich persönlich, die Stimme Gottes zu hören?

_____

_____

_____

_____

Auf welche Arten spricht Gott hauptsächlich zu mir persönlich?

_____

_____

_____

_____

In welchem Bereich möchte ich mich momentan weiterentwickeln?

_____

_____

_____

_____

Weiterführendes Lehrmaterial**

Bücher	CD ROMs
Cunningham, L.: Zwölf wichtige Punkte, die Stimme Gottes zu hören; IN: Bist Du es, Herr?	Driess, S.: Betrübt nicht den Heiligen Geist, AUDIO Set
	Driess, S.: Keine Angst vor Engeln, AUDIO Set
	Driess, S.: Seherseminar – entdecke deine Gabe des Sehens im Geist, MP3 Set
	Driess, S.: Unsichtbare Welt II, AUDIO Set

**   erhältlich unter: www.grace-production.com

4 CHARAKTKERMERKMALE VON PROPHETISCHEN WORTEN

PROPHETIE ERLEBT

ALTES LOSLASSEN – NEUES BEGINNEN
EIN EHEMALIGER GESCHÄFTSMANN BERICHTET...

Den Herrn lernten wir vor ca. 15 Jahren kennen. Damals waren wir stark in der Geschäftswelt involviert. Mein Mann war Inhaber einer Werbefirma. Das ganze Leben war davon sehr stark eingenommen; es bestimmte unsere Werte und Zielorientierung. Besonders meinen Mann fiel es schwer, sich Menschen von Herzen her zuzuwenden und ihre Bedürfnisse wahrzunehmen. Andere Menschen bedeuteten ihn nicht sehr viel.

Als wir 2 Jahre Christ waren, besuchten wir eine prophetische Schule. Dort erhielten wir ein Prophetisches Wort, welches folgendes besagte: `Ihr werdet ein großes Haus haben.` Später sprach der Herr auch durch ein Prophetisches Wort konkreter, nämlich dass wir in diesem Haus Menschen dabei unterstützen, sich zu Jüngern von Jesus zu entwickeln.
Damals hatten wir keinerlei Vorstellung davon, wie dieses Wort in Existenz kommen konnte. Wir haben dem Herrn gesagt: `Wenn es dein Wille ist, dann soll es geschehen.` Wir haben uns dem Herrn hingegeben und auch schmerzliche Veränderungsprozesse in unserem Leben zugelassen. So hat der Herr u.a. das steinerne Herz meines Mannes zu einem Hirtenherz verändert.

Wie wurde das prophetische Wort real?
Wir öffneten unser Haus für eine Hauskirche. Bald war unser Wohnzimmer zu klein und wir mieteten Räumlichkeiten in einem Missionshaus. In diesem Haus sahen wir Unterstützungsbedarf in praktischen Dingen und brachten uns ein. Bald wurden wir eingeladen, die Vorstandschaft mit zu übernehmen.
Wir waren treu im Kleinen und Gott hat uns ein großes Haus gegeben.
Mittlerweile bilden wir in diesem Haus als Pastoren einer Gemeinde Menschen zu Jüngern von Jesus aus.

Übersicht

Prophetische Worte weisen bestimmte Merkmale auf, z.B. stehen sie im Einklang mit dem Wort Gottes. Worte der Weissagung dienen gemäß 1. Korinther 14 der Erbauung, Ermutigung und Tröstung. Jeder Christ ist aufgefordert, in dieser motivierenden Weise andere Menschen aufzurichten. Im nachfolgenden Kapitel erarbeiten wir die Rolle der prophetischen Gabe für unseren geistlichen Entwicklungsprozess im Lichte der Bibel und lernen, wie wir diese allgemeinen Zusprüche konkretisieren und schärfen können.

Meditationsvers

*UND SO BESITZEN WIR DAS **PROPHETISCHE WORT** UMSO **FESTER**, UND IHR TUT GUT, DARAUF ZU ACHTEN ALS AUF EINE LAMPE, DIE AN EINEM DUNKLEN ORT LEUCHTET, BIS DER TAG ANBRICHT UND DER MORGENSTERN IN EUREN HERZEN AUFGEHT, INDEM IHR DIES ZUERST WISST, DASS KEINE WEISSAGUNG DER SCHRIFT AUS EIGENER DEUTUNG GESCHIEHT. 2 PETR. 1,19 - 20*

Schlüsselwörter

ZUM VERTIEFENDEN EIGENSTUDIUM

HIERFÜR STEHEN KEINE AUFNAHMEN ZUR VERFÜGUNG

- **PROPHETISCHES WORT** – griechisch pro/faeteia; der Begriff wird abgeleitet aus der Vorsilbe pro: hier bevor, vorher und dem Wortstamm faemi: *SAGEN, ERKLÄREN, JEMANDEM ETWAS ZU VERSTEHEN GEBEN, ETWAS GELTEND MACHEN*

  Kurzbeschreibung: ordnungsgemäße Vollendung, das Endziel wurde erreicht.

  _____

  _____

  _____

  _____

- **FEST** – griechisch bebaioteros: *FEST, GEWISS, SICHER, UNERSCHÜTTERLICH, ABSOLUT ZUVERLÄSSIG*

  Kurzbeschreibung: etwas worauf man sicher treten kann, weil es gänzlich stabil und absolut zuverlässig ist; es bildet ein solides Fundament; man kann darauf bauen; hier umso zuverlässiger

  _____

  _____

  _____

  _____

  _____

4.1 Prophetisches Wort und Wort der Erkenntnis

Ein prophetisches Wort beschreibt neben einer VORAUSSCHAU von Ereignissen auch GOTTES SICHTWEISE über einen Menschen, einer Situation, einer Stadt oder eines Landes. Der Heilige Geist offenbart uns ein Wort der Erkenntnis, um eine konkrete Situation der Vergangenheit oder Gegenwart zu benennen. Einem Wort der Erkenntnis sollte ein prophetisches Wort, d.h. Gottes Sichtweise, folgen (» 5.1).

1. Kor 13,8-9: Die Liebe vergeht niemals; seien es aber Weissagungen, sie werden weggetan werden; seien es Sprachen, sie werden aufhören; sei es Erkenntnis, sie wird weggetan werden. Denn wir erkennen stückweise, und wir weissagen stückweise.

4.2 Prophetie als Teil vom Plan Gottes für unser Leben

Vorbereitung auf das Kommende

Gott bereitet uns für die nächsten Schritte nicht nur durch prophetische Worte, sondern auch durch unsere Lebensabschnitte vor.
Das prophetische Wort ist nur ein Teil, d.h. es ist STÜCKWERK. Gott offenbart nie seinen gesamten Plan bezüglich einer Person, einer Situation oder einen Zeitabschnitt.
Unsere Aufgabe ist, dass wir uns den Prozessen stellen und kleine Schritte gehen, z.B. indem wir uns Wissen über die Geschäftswelt aneignen.

z.B. Samuel gab Saul Prophezeiungen weiter, die sich erst nach vielen Jahren erfüllten, obwohl Worte wie nun und heute ausgesprochen wurden.

5. Mose 29,28: Das Verborgene steht bei dem Herrn, unserm Gott. Aber das Offenbare gilt uns und unsern Kindern für ewig, damit wir alle Worte dieses Gesetzes tun.

2. Kön. 4,27: Als sie aber zu dem Mann Gottes auf den Berg kam, umfing sie seine Füße; Gehasi aber trat herzu, um sie wegzustoßen. Aber der Mann Gottes sprach: Lass sie, denn ihre Seele ist betrübt, und der HERR hat mir's verborgen und nicht kundgetan ... Elisa: Der Herr hat`s mir verborgen."

Manchmal wünschen wir uns von Gott ein Wort für eine konkrete Lebenssituation oder eine Person. Aber GOTT FOKUSSIERT ETWAS ANDERES. In solchen Momenten ist es wichtig, sich nicht von den Erwartungen der Menschen oder unseren Vorstellungen von Gottes Reden unter Druck bringen zu lassen.

_____

_____

_____

_____

Manchmal schaut es so aus, als ob Gott nichts tut.

_____

_____

_____

_____

_____

Die SCHÄRFE in der Ausübung der prophetischen Gabe entwickelt sich in dem Maß, wie wir uns den Prozessen Gottes im eigenen Leben stellen. Wir können sie fördern, indem wir uns stetig darin üben und die Resultate reflektieren.
Es ist wichtig, die kleiner ausschauenden Anfänge wertzuschätzen und sich nicht mit anderen zu vergleichen.

Biblische Beispiele

Wenn jemand etwas anderes über uns prophezeit als das hauptsächliche Endziel, so ist es nicht falsch. Er sah andere Teile in unserem Leben.

Die Meinungen und Aussagen folgender biblischer Personen verdeutlichen uns die Stückhaftigkeit der prophetischen Gabe:

JOSEPH erhielt ungefähr im Alter von 17 Jahren durch einen Traum eine Prophezeiung von Gott. Die Botschaft wies auf seinen endgültigen Dienst hin. Wir werden in den Formungsprozessen Gottes geprüft (» 4.6).

1. Mose 37,5-9: ... und Josef hatte einen Traum, den erzählte er seinen Brüdern ... Siehe, wir banden Garben mitten auf dem Feld, und siehe, meine Garbe stellte sich auf und blieb aufrecht stehen; und siehe; eure Gaben stellten sich ringsum auf und verneigten sich vor meiner Garbe. Da sagten die Brüder zu ihm: Willst du etwa König über uns werden, willst du über uns gar herrschen? ...

_____

_____

_____

_____

_____

_____

_____

_____

ZUM VERTIEFENDEN EIGENSTUDIUM

HIERFÜR STEHEN KEINE AUFNAHMEN ZUR VERFÜGUNG

STUDIERE DIE PERSONEN DER BIBEL UNTER FOLGENDEN FRAGESTELLUNGEN:

- WELCHE FORMUNGSPROZESSE SIND DIE PERSONEN IM WESENTLICHEN DURCHLAUFEN?

- WELCHE ZENTRALEN PROPHETISCHEN HAUPTAUSSAGEN HABEN SIE GETROFFEN?

PAULUS sagt:

- Jeder kann weissagen

- Alles ist Stückwerk

- Die prophetische Gabe muss auf dem Fundament der Liebe ausgeführt werden

- Menschen können über Fehler hinwegsehen, wenn ihnen in Liebe begegnet wird.

_____

_____

_____

_____

_____

_____

_____

DANIEL und JESAJA zeigen:

- Prophezeiungen auf Jesus hin waren Stückwerk

- So wird es bei uns auch sein

- Wegen der Unvollständigkeit u.a. haben es die Leute damals nicht verstanden.

_____

_____

_____

_____

_____

_____

_____

_____

1. Kor 14,1:

Strebt nach der Liebe, eifert nach den geistlichen Gaben, besonders aber, dass ihr weissagt.

1. Kor. 13,12: Denn wir sehen jetzt mittels eines Spiegels undeutlich, dann aber von Angesicht zu Angesicht. Jetzt erkenne ich stückweise, dann aber werde ich erkennen, wie auch ich erkannt worden bin. Nun aber bleibt Glaube, Hoffnung, Liebe, diese drei; die Größte aber von diesen ist die Liebe.

Dan. 7,13-14: ... und siehe mit den Wolken des Himmels kam einer wie der Sohn eines Menschen. Und er kam zu den Alten an Tagen, und man brachte ihn vor ihn. Und ihm wurde Herrschaft und Ehre und Königtum gegeben...

4.3 Das prophetische Wort führt zum Herzen Gottes

2. Mose 3,4: ...da rief ihm Gott mitten aus dem Dornbusch zu ... Nun aber geh hin, denn ich will dich zum Pharao senden, damit du mein Volk, die Söhne Israel, aus Ägypten herausführst....

Es ist Gottes Anliegen uns zu ermutigen und aufzubauen, selbst wenn wir etwas falsch gemacht haben, ihm ungehorsam sind oder in Sünde leben. Gott ist heilig und es schmerzt ihn, wenn wir uns dadurch von ihm entfernen.

Wenn keine Sünde prophezeit wird, dann heißt es nicht, dass das Leben in Ordnung ist.

zum Nachdenken

2. Mose 4,24-26: ... da trat der Herr ihm entgegen und wollte ihn töten....

> DER PROPHET SIEHT DEN GIPFEL DES BERGS UND ETAPPEN, ABER NICHT DAS TAL UND DEN WEG DAHIN.

z.B. Gott prophezeit über Moses Berufung. Er will ihn aber auch töten, weil er seinen Sohn nicht beschnitten hat und damit Gott gegenüber ungehorsam geworden ist.

Rich. 16,28: Und Simson rief zum Herrn und sprach: Herr, gedenke doch meiner, und stärke mich doch nur diesmal, o Gott, dass ich an den Philistern eine einmalige Rache nehme für meine beiden Augen.

z.B. Simson sündigte wiederholt in der Vorstellung, sich nicht dafür verantworten zu müssen. Gott bewahrte sein Leben, jedoch verlor er als Konsequenz seines Verhaltens dauerhaft sein Augenlicht (Rich. 13-16)

Wenn wir sündigen und Gott uns trotzdem vertraut, dann zerbricht uns das innerlich und verändert uns. Denn wir leiden unter unseren Fehlern. Gott aber ermutigt uns und stellt uns nicht bloß.

Manchmal spricht Gott Warnungen aus, um Verhärtungen zu begegnen. Denn Gott möchte nicht, dass wir an unseren Schwächen und unserer Sünde zerbrechen. Also demütigt er uns vorher (»5.6)

Gott ist unser liebender Vater. Zeigt er Sünde durch ein prophetisches Wort auf, dann möchte er dadurch Schaden abwenden und eine Umkehr bewirken. Denn trotz seiner Traurigkeit über unser Verhalten glaubt er an uns in seiner Gnade.

zum Nachdenken

GOTT KENNT UNSERE FEHLER UND UNSER FEHLVERHALTEN UND SPRICHT TROTZDEM GUTE WORTE

Die Weitergabe eines solchen korrigierenden Wortes sollte unter Wahrung der Privatsphäre, in Liebe und in hoher Wertschätzung gegenüber der Person erfolgen.

4.4 Inspirierte und offenbarende Prophetie

Inspirierte Prophetie

1. Kor. 14,3: Wer aber weissagt, redet zu den Menschen zur Erbauung und Ermahnung und Tröstung.

Die inspirierte Prophetie dient gemäß 1. Kor. 14 der allgemeinen Erbauung, Ermutigung und Tröstung.

z.B. Petra erhält das Wort: `WENN DU DURCHS WASSER GEHST, DANN WERDE ICH BEI DIR SEIN. ICH WERDE DICH ERMUTIGEN UND TRÖSTEN`.

Offenbarende Prophetie

1. Kor. 14,29: Von den Propheten aber laßt zwei oder drei reden, und die anderen sollen urteilen. Wenn aber einem anderen, der da sitzt, eine Offenbarung zuteil wird, so schweige der erste.

Die offenbarende oder Offenbarungsprophetie ist sehr genau, enthält Richtungsweisung und häufig auch korrigierende Worte für den Empfänger. Zuvor verborgene Inhalte werden aufgedeckt. Sie kann sich an einzelne Personen, Gruppen und Nationen richten. Hier liegt die Herausforderung darin, dass die Botschaft anhand des Wortes Gottes sorgfältig geprüft wird und der Herr intensiv gesucht wird.

z.B. Ein Prophetisches Wort lautet: *„ICH SEHE WIE DER GERICHTSVOLLZIEHER VOR DEINER TÜR STEHT. DU STEHST KURZ DAVOR, DEIN HAUS ZU VERLIEREN. DEINE SCHWIEGERMUTTER IST SCHWER ERKRANKT UND ES SCHAUT SO AUS, ALS OB ALLES ZUSAMMENBRICHT. ABER DER HERR MÖCHTE ZU DIR REDEN UND GIBT DIR FOLGENDE STRATEGIE ..."*

4.5 Das prophetische Wort ohne und mit Bedingungen

Gott stellt Pläne auf und setzt Zeitpunkte. Er sendet sein Wort aus, und sein Wort bewirkt, wozu es ausgesandt wurde. So legt Gott Geschehnisse fest, die unabhängig von anderen Faktoren geschehen werden, einfach weil Gott gesprochen hat. Diese Prophetien sind nicht an Bedingungen geknüpft.
z.B. Messianische Prophetien und Prophetien, die das Gericht Gottes über der Welt und Geschehnisse der Endzeit ankündigen, werden sicher eintreffen bzw. sind schon erfüllt.

1. Mose 3,15: Und ich werde Feindschaft setzen zwischen dir und der Frau, zwischen deinem Samen und ihren Samen; er wird dir den Kopf zermalmen, und du, du wirst ihm die Ferse zermalmen.

Dan. 2,44: Und in den Tagen dieser Könige wird der Gott des Himmels ein Königreich aufrichten, das ewig nicht zerstört werden wird...

Im Gegensatz dazu kann die Erfüllung eines prophetischen Wortes auch an BEDINGUNGEN geknüpft sein. Diese Bedingungen beinhalten häufig Handlungsanweisungen, Entscheidungen oder Voraussetzungen, die der Empfänger erfüllen muss. Die meisten PERSÖNLICHEN PROPHETIEN enthalten Bedingungen.

2. Petr. 3,8: Dies eine aber sei euch nicht verborgen, Geliebte, daß beim Herrn ein Tag ist wie tausend Jahre und tausend Jahre wie ein Tag.

Hab. 2,3 ff... wenn es sich verzögert, warte darauf; denn kommen wird es, es wird nicht ausbleiben ...

Gott spricht aus einer Perspektive der Ewigkeit; d.h. aus einem anderen Verständnis von Zeitzusammenhängen.

Jes. 55,8-9: Denn meine Gedanken sind nicht eure Gedanken, und eure Wege sind nicht meine Wege, spricht der Herr. Denn so viel der Himmel höher ist als die Erde, so sind meine Wege höher als eure Wege und meine Gedanken als eure Gedanken.

Gott setzt ZEITPUNKTE zur Erfüllung des prophetischen Wortes, die sich jedoch auch verzögern können. Die vorherige Zeit dient der Vorbereitung und der persönlichen Entwicklung.

Zur Beurteilung von prophetischen Worten ist auch der Zeitpunkt relevant. Beurteilt man rückwirkend ein prophetisches Wort, sollte es aus aktueller Perspektive betrachtet werden. Denn Ereignisse können sich verzögern oder korrekte prophetische Worte müssen sich nicht unbedingt erfüllen (insbesondere wenn die Bedingungen nicht erfüllt wurden).

In der Zeit der Vorbereitung ist es wichtig, unseren Glauben zu stärken und uns richtig zu positionieren. Denn nur dann werden wir in der Lage sein, die Berufung im Willen Gottes zu erfüllen. Der richtige Zeitpunkt spielt hierbei eine wichtige Rolle.

Manchmal entwickeln sich vorläufig die UMSTÄNDE ENTGEGENGESETZT zu einem prophetischen Wort, welches man erhalten hat. In diesen herausfordernden Momenten ist es hilfreich, das Wort noch einmal zu prüfen bzw. zu festigen, indem man den Herrn um ein neues Rema bittet.

z.B. Jesus sprach zu Lazarus: *„Die Krankheit wird nicht zum Tode führen."* Kurz darauf starb Lazarus. Scheinbar ist dieses prophetische Wort von Jesus nicht in Erfüllung gegangen. Das Gegenteil ist eingetroffen. Später wurde Lazarus durch Jesus vom Tod auferweckt, indem er Leben in den Körper von Lazarus hineinsprach, und so erwies sich die Prophetie als korrekt.

_____

_____

_____

_____

_____

_____

_____

Gott kann seine PLÄNE ändern, wenn wir ungehorsam sind, unsere Verantwortung nicht wahrnehmen, oder die Bedingungen Gottes an uns zur Erfüllung eines prophetischen Wortes nicht erfüllen.

z.B. König Saul hat in eigener Kraft regiert und war Gott gegenüber ungehorsam. Daraufhin hat Gott seinen ursprünglichen Plan und das prophetische Wort rückgängig gemacht. Sauls Nachkommen sollten nicht auf dem Thron sitzen.

_____

_____

_____

_____

_____

_____

_____

_____

_____

_____

_____

Joh. 11,1-45:... diese Krankheit ist nicht zum Tode, sondern um der Herrlichkeit Gottes willen, damit der Sohn Gottes durch sie verherrlicht werde ... Lazarus, unser Freund, ist eingeschlafen; aber ich gehe hin, damit ich ihn aufwecke ... Lazarus ist gestorben ... Als nun Jesus kam, fand er ihn schon vier Tage in der Gruft liegen ... Habe ich dir nicht gesagt, wenn du glaubtest, so würdest du die Herrlichkeit Gottes sehen? ... Lazarus komm heraus! Und der Verstorbene kam heraus ...

1. Sam. 13,14: nun aber wird dein Königtum nicht bestehen. Der Herr hat sich einen Mann gesucht nach seinem Herzen, und der Herr hat ihn zum Fürsten über sein Volk bestellt.

1. Sam. 15,28: Da sprach Samuel zu ihm: Der Herr hat heute das Königtum Israels von dir abgerissen und es einem anderen gegeben, der besser ist als du.

4.6 Unser Glaube und unsere Hingabe werden getestet

Der Zeitraum vom Empfangen des prophetischen Wortes bis zum Eintreffen dient der persönlichen Formung und Entwicklung. Je stärker die Einflussnahme mit der Berufung verbunden ist, umso intensiver wird der Herr an unserer Persönlichkeit arbeiten. Wir können die Prozesse beschleunigen, indem wir uns ihnen stellen oder diese durch unsere verneinende Entscheidungen verzögern.

Gott prüft uns. Die Prüfungen Gottes zeigen unsere Motivationen und unser Entwicklungspotential. Sie dienen unserem Training und bringen uns näher zu Jesus. Gott benutzt jedoch keine Krankheit, um uns zu testen .

ZUM VERTIEFENDEN EIGENSTUDIUM

HIERFÜR STEHEN KEINE AUFNAHMEN ZUR VERFÜGUNG

STUDIERE DAS LEBEN VON JOSEPH UNTER FOLGENDEN FRAGESTELLUNGEN:

- WELCHE SITUATIONEN IN DEN LEBENSPHASEN IM ZEITRAUM VOM EMPFANGEN BIS ZUR ERFÜLLUNG DES PROPHETISHEN WORTES PRÄGTEN JOSEPH BESONDERS?

- WAS KANN ICH AUS DEM LEBEN VON JOSEPH UND SEINEM GEHORSAM GEGENÜBER GOTT LERNEN?

Einblick in das Leben von Joseph – ein Formungsprozess Gottes

Im Alter von 30 Jahren wurde Josef vom Pharao zu seinem Stellvertreter und zum obersten Verwalter des Staates ernannt. Josef erhielt bereits im Alter von ca. 17 Jahren erstmalig einen Traum, indem Gott ihn auf seine Berufung vorbereitete. Dieser erste Traum begann sich zu erfüllen als er ca. 37 Jahre alt war. Zwischenzeitlich musste er als Sklave und als Gefangener verschiedene Prüfungen Gottes durchlaufen:

- Als Sklave wurde ihm Verantwortung übertragen, weil er seine Aufgaben sehr gut wahrnahm. Er widerstand der Frau von Potifar, die ihn verführen wollte und wurde daraufhin ins Gefängnis geworfen.

- Als Gefangener war die Gunst Gottes auf seinem Leben und Josef zeigte sich Gott gegenüber treu. Seine Mitgefangenen wurden ihm unterstellt. Josef sorgte sich um ihr Wohlergehen und legte ihre Träume aus.

_____

_____

_____

_____

_____

_____

Reflexion

Prophetie spiegelt das Herz Gottes für die Menschheit und unser persönliches Leben wieder. Sie führt zum Herzen Gottes, auch wenn sie Korrektur beinhaltet. Richtungsweisende persönliche Prophetie zeigt einige Aspekte von Gottes Plan auf. Diese ist meist an Bedingungen geknüpft, die unsererseits zu erfüllen sind. Wir haben die Möglichkeit, uns für oder gegen Gottes Plan zu entscheiden und werden von Gott getestet und geformt. Ein bestätigtes Prophetisches Wort hilft uns in Geradlinigkeit Schwierigkeiten zu überwinden, um siegreich den Lauf zu vollenden.

Was kann ich durch das Leben von Josef für meinen persönlichen Umgang mit einem prophetischen Wort lernen?

_____

_____

_____

_____

Inwieweit nehme ich meine Verantwortung für bereits erhaltene prophetische Worte wahr?

_____

_____

_____

_____

Welche Konsequenz bringt es nach neutestamentlichem Verständnis mit sich, wenn ich Sünde in meinem Leben toleriere?

_____

_____

_____

_____

Weiterführendes Lehrmaterial¨

Bücher	CD ROMs
Driess, S.: Hilfe, die Propheten kommen, download	Driess, S.: Mein Vater, der mich liebt, MP3 Set

_____

** erhältlich unter: www.grace-production.com

5 VERSCHIEDENE ARTEN VON PROPHETISCHEN WORTEN

PROPHETIE ERLEBT

HEILUNG EINES AUSRISSES DER ACHILESSEHNE
EIN 30 JÄHRIGER MANN BERICHTET:

„Während des Sports hörte ich plötzlich einen Knall und verspürte heftigste Schmerzen im Bereich der Wade. Auftreten und Gehen waren kaum noch möglich. Die Achillessehne war gerissen. Als ich um Heilung gebeten habe, verschwand sofort der Schmerz und sämtliche Bewegungen konnte ich wieder ausführen. Eine Operation war nicht notwendig und mein Glauben an die göttlichen Verheissungen über meinem Leben wurden gestärkt."

HEILUNG VON TRAUMATISCHEN KINDHEITSERLEBNISSEN

„Selbst im Erwachsenenalter litt ich noch immer unter dramatischen Erinnerungen an die Kindheit und an den Folgen von langjährigen Folgen familiärer Schwierigkeiten. Ich versuchte immer wieder im Gebet diesen Schmerz abzugeben, aber es schien nicht zu gelingen. Immer und immer verfolgten mich die gleichen Gedanken und Verhaltensmuster.
Eines Nachts träumte ich von verschiedenen Situationen aus meiner Kindheit. In diesem Traum sah ich wie Jesus mich in diesen Jahren begleitete und wie Menschen, die mir damals nahe standen, für mich gebetet haben. Nun konnte ich alles abgeben und aus einst quälenden Gefühlen wurden zum größten Teil verblasste Erinnerungen."

Übersicht

Prophetische Worte können in unterschiedliche Bereiche und Lebensphasen hineinsprechen und ergänzen einander. Nachfolgend werden einige Arten von prophetischen Worten mit unterschiedlichen zeitlichen Bezügen erarbeitet. Ein besonderer Schwerpunkt wird hierbei auf „prophetische Worte für besondere Lebenssituationen" gelegt, indem auf kritische Aspekte bei der Weitergabe eingegangen wird.

Meditationsvers

WEISSAGUNGEN VERACHTET NICHT, PRÜFT ABER ALLES, DAS GUTE HALTET FEST! VON ALLER ART DES BÖSEN HALTET EUCH FERN. 1. THESS. 5,20-22

Schlüsselwörter

ZUM VERTIEFENDEN EIGENSTUDIUM

HIERFÜR STEHEN KEINE AUFNAHMEN ZUR VERFÜGUNG

• **WEISSAGUNG** – griechisch pro/faeteia; der Begriff wird abgeleitet aus der Vorsilbe pro: hier bevor, vorher und dem Wortstamm faemi: *SAGEN, ERKLÄREN, JEMANDEM ETWAS ZU VERSTEHEN GEBEN, ETWAS GELTEND MACHEN*

   Kurzbeschreibung: Prophetie, s.o.

   _____

   _____

   _____

• **PRÜFEN** – griechisch dokimadsete von dokimadso: *TESTEN, ERPROBEN, PRÜFEN*

   Kurzbeschreibung: s.o.

   _____

   _____

   _____

• **FESTHALTEN** – griechisch katechete von katecheto: *FESTHALTEN, BEHALTEN, PRÜFEN*

   Kurzbeschreibung: s.o.

   _____

   _____

   _____

   _____

5.1 Prophetische Worte im Überblick

Prophetische Worte kann man einteilen in:

- das Wort für die derzeitige Situation

- das bestätigende Wort

- das Wort für die Zukunft

- das neue Wort.

Joh. 1,47: Jesus sah Nathanael zu sich kommen und spricht von ihm: Siehe, ein rechter Israeliter, in welchem kein Falsch ist. Nathanael spricht zu ihm: Woher kennst du mich? Jesus antwortete und sprach zu ihm: Ehe denn dich Philippus rief, da du unter dem Feigenbaum warst, sah ich dich.

Ein WORT FÜR DIE VERGANGENHEIT gehört meines Erachtens nicht in diese Kategorie der prophetischen Worte. Aus meiner Sicht ist das Wort der Vergangenheit eher ein Wort der Erkenntnis als ein prophetisches Wort.

Wieso? Das WORT DER ERKENNTNIS gibt Einsichten in Zusammenhänge und in vergangene Erlebnisse, welche demjenigen, der das Wort weitergibt, unbekannt sind. Das Wort der Erkenntnis bezüglich der Vergangenheit bestätigt dem Empfänger, dass es sich hierbei um eine göttliche Offenbarung und nicht um menschliches Wissen handelt.

Joh 4,18: Fünf Männer hast du gehabt, und den du nun hast, der ist nicht dein Mann; da hast du recht gesagt

5.2 Das Wort für die derzeitige Situation

Dieses Wort spricht in die AKTUELLE SITUATION hinein. Es gibt dem Empfänger u.a. Aufschluss über mögliche Gründe für den momentanen Lebensumstand oder Schwierigkeiten. Manchmal benutzt unser himmlischer Vater auch dieses Wort, um einer Person zu erklären, welchen Prozess sie gerade durchläuft oder wie sich die Situation aus göttlicher Perspektive darstellt. Der Vater zeigt auch zu trainierende Lebensbereiche auf (z.B. Liebe, Glaube, Disziplin, Unterordnung).

Joh. 11, 3: Da sandten seine Schwestern zu ihm und ließen ihm sagen: HERR, siehe, den du lieb hast, der liegt krank. Da Jesus das hörte, sprach er: Die Krankheit ist nicht zum Tode, sondern zur Ehre Gottes, daß der Sohn Gottes dadurch geehrt werde

Meistens ruft es einen sog. „Aha-Effekt" hervor. Manchmal kann der Empfänger das Wort jedoch nicht nachvollziehen oder er hat Schwierigkeiten, es anzunehmen. In diesem Falle ist es hilfreich, eine reife geistliche Person um Rat zu fragen. Denn andere Personen nehmen eine andere Perspektive ein und können den eigenen Horizont erweitern (» Übung 15).

z.B. `Lieber Hans, ich glaube, dass unser Herr Jesus mir gezeigt hat, dass du gerade viele innere Kämpfe und Unruhen durchlebst. Momentan siehst du für dich kein Licht und fragst dich: Ist denn der Herr noch bei mir? Denn du spürst ihn nicht. Dieser Umstand dient dir zum schrittweisen Lernen und Vertrauen auf Gott. Du sollst erkennen, dass er deine Hilfe und Stärke ist. Darum fürchte dich nicht. Du wirst gerade vom Herrn trainiert, um für die nächste Stufe seiner Kraft und Herrlichkeit vorbereitet zu sein. Dieser Prozess wurde weder durch dich noch durch den Teufel verursacht. Es ist die speziell für dich vorbereitete Schule des Vertrauens. Halte durch."*

5.3 Das bestätigende Wort

Dieses Wort bestätigt eine bereits EMPFANGENE VISION oder das, was der Empfangende bereits selbst vom Herrn gehört hat. Es stärkt den Glauben und das Vertrauen in die empfangene Vision. Es betätigt den WEG, auf dem man geht. Es kann auch den Fokus wieder auf das Wichtige lenken. Durch die Bestätigung wird die Motivation und den Glauben an das Reden Gottes gestärkt.

Apg. 13,2: Da sie aber dem Herrn dienten und fasteten, sprach der heilige Geist: Sondert mir aus Barnabas und Saulus zu dem Werk, wozu ich sie berufen habe. Da fasteten sie und beteten und legten die Hände auf sie und ließen sie gehen.

z.B. „Lieber Hans, der Herr möchte dir bestätigen, dass du eine Begabung für Jugendarbeit hast. Es war deshalb richtig, dich für diese Arbeit zur Verfügung zu stellen. Auch wenn du im Moment noch nicht die Realisierung deiner Träume siehst, geh weiter. Denn momentan seid ihr nur wenige Jugendliche. Fürchte dich nicht und gib nicht auf. Der Herr hilft dir."*

5.4 Das Wort in die Zukunft

Ri. 6,12: Da erschien ihm der Engel des HERRN und sprach zu ihm: Der HERR mit dir, du streitbarer Held!

Das Wort auf die Zukunft gerichtet, ist häufig eine Verbindung zwischen dem bestätigendem Wort und den in der Zukunft liegenden Wegen oder Ereignissen. Es kündigt für eine Person die nächste Stufe entsprechend dem Willen Gottes an. Die Bestätigung besteht darin, dass der Empfangende sich oft schon innerlich mit den Plänen für die Zukunft auseinandergesetzt hat oder schon eine Last dafür empfindet.

z.B. *„Ich werde dich unter Kindern in einer großartigen Weise gebrauchen."* (Der Empfangende hat ein Herz für die Arbeit unter Kindern und erhielt bereits ein Angebot zur Mitarbeit.)

Häufig ist dieses Wort an Bedingungen geknüpft, z.B.: *"Wenn du dich zurückziehst und auf meine Strategie wartest, werde ich dir ein neues Konzept für den Dienst mit Kindern geben."* (» 4.5).

5.5 Das neue Wort

Apg. 9,15-16: Der HERR sprach zu ihm (Ananias): Gehe hin; denn dieser ist mir ein auserwähltes Werkzeug, daß er meinen Namen trage vor den Heiden und vor den Königen und vor den Kindern von Israel. Ich will ihm zeigen wieviel er leiden muß um meines Namens willen.

Dieses Wort ist NEU, d.h. wir hören es zum ersten Mal. Wir dürfen es nicht ablehnen, auch wenn wir es nicht verstehen und müssen auf Bestätigung warten. Es kann einen Zusammenhang mit der Gegenwart haben.

z.B. *„Ich werde dich in arabischen Ländern gebrauchen, um den Menschen dort die Liebe Jesu zu zeigen."* Die Person arbeitet derzeit mit Kindern, jedoch nicht unter Arabern.

5.6 Schwierige prophetische Worte –
Worte, die Reife und Erfahrung in der
Weitergabe erfordern

In der Schrift sehen wir, dass Gott nicht nur allgemeine Ermutigungen ausspricht, sondern auch neue Dinge, die menschlich unmöglich scheinen, hervorruft. Dies geschieht oftmals in besonderen Situationen und kann sehr herausfordernd sein. Solche Worte bedürfen einer besonderen Prüfung. Ich rate davon ab, in diesem Bereichen zu dienen, insbesondere während sich die prophetische Gabe noch entwickelt.

5.6.1 Schwangerschaften, Geburt und Babys

Das Prophetische Wort gibt Hoffnung und ermutigt, festzuhalten. Wir sollten sehr vorsichtig sein, prophetisch in diesen Bereich hineinzusprechen.

Dennoch finden wir in der Bibel zahlreiche Beispiele über die prophetische Ankündigung von Schwangerschaften:

Abraham und Sara

Vermutlich war Sara 90 Jahre alt, als Gott zu Abraham sprach und ihren Sohn Isaak ankündigte
Sara hatte bis dahin noch keine Kinder; zu damaliger Zeit war dies ein untragbarer Zustand. Also fasste sie einen Plan: sie forderte Abraham auf, mit ihrer Magd Hagar ein Kind zu zeugen. Dieser Entscheidung folgten zahlreiche Konflikte.

1. Mose 18,9-14: Wahrlich übers Jahr komme ich wieder zu dir, siehe, dann hat Sara, deine Frau, einen Sohn. Und Sara horchte am Eingang des Zeltes, der hinter ihm war. Abraham und Sara aber waren alt, hochbetagt; ... Und Sara lachte im Innern und sagte: Nachdem ich alt geworden bin, sollte ich noch Liebeslust haben? Und auch mein Herr ist ja alt...

Zacharias und Elisabeth

Sie waren kinderlos und gerecht vor Gott
Durch einen Engel wurde die Geburt ihres Sohnes, Johannes dem Täufer, angekündigt. Zacharias zweifelte am Reden Gottes und forderte ein Zeichen zur Bestätigung; daraufhin strafte ihn Gott mit Stummheit; er konnte erst wieder sprechen, als er nach der Geburt den Namen seines Sohnes auf eine Tafel schrieb.

1. Mose 21,1-2: Und der Herr suchte Sara heim, wie er gesagt hatte. Und Sara wurde schwanger und gebar dem Abraham einen Sohn in seinem Alter, zu der bestimmten Zeit, die Gott ihm gesagt hatte.

Lk. 1,13-25: und der Engel aber sprach zu ihm: Fürchte dich nicht, Zacharias. Denn dein Flehen ist erhört, und Elisabeth, deine Frau, wird dir einen Sohn gebären, und du sollst seinen Namen Johannes nennen ...

Weitere biblische Beispiele1e

STUDIERE DAS LEBEN DER PERSONEN UNTER FOLGENDEN FRAGESTELLUNGEN:

• IN WELCHER SITUATION HABEN SIE DAS PROPHETISCHE WORT ERHALTEN?

• WIE HAT SICH DAS WORT ERFÜLLT?

Elisa – 2. Kön. 8 – 18

Hanna und Eli – 1. Sam. 1,1–20

5.6.2 Beziehungen und Hochzeit

Generell möchte der Herr, dass wir nicht allein durchs Leben gehen.
Aussagen wie *„Der Herr hat jemand für dich`*- dies ist das Logos; wir müssen das Rhema bekommen.

_____

_____

_____

_____

Wenn wir vom Herrn her empfinden, dass er zwei Personen zusammenführen möchte, sollten wir uns mit Aussagen zurückhalten und für sie beten, dass der Wille des Herrn im Leben von beiden geschieht. Wir beten auch nicht: *„HERR, FÜHRE SIE ZUSAMMEN"*. Es obliegt der Entscheidung von Menschen, ob sie einen gemeinsamen Lebensweg bestreiten oder nicht. Durch prophetische Aussagen oder Gebete in diesen Bereich hinein können wir ein Joch auf Menschen legen.

5.6.3 Gaben, Berufungen und Dienste

Jeder hat einen Dienst oder eine Aufgabe im Reich Gottes. Das Reich Gottes erstreckt sich im Wesentlichen auf die Gesellschaft und bezieht sich nicht allein auf die Gemeinde. Der Herr stattet uns mit Gaben und Talenten aus, damit wir befähigt werden, unsere Berufung auszuführen. Wir werden von Gott befähigt, also GESALBT.

_____

_____

_____

_____

Salbung kann nicht durch Gebet von einen Menschen auf den anderen übertragen werden. Beten wir dafür prophetisch, dann rufen wir hervor, was Gott in den Menschen hineingelegt hat. Jeder muss selbst in einer Beziehung zum Herrn wachsen.

5.6.4 Geschäft und Wohlstand

Der Herr möchte uns Strategien zur materiellen Versorgung geben. Unsere Verantwortung liegt darin, die Arbeit in Treue und entsprechend der Regeln Gottes auszuüben.
Gott prüft uns in Zeiten der Herausforderung, inwieweit er uns vertrauen kann. Nehmen wir die Gelegenheiten Gottes nicht wahr, können wir den SEGEN verpassen.

1. Mose 2,18: ... Und Gott, der Herr sprach: Es ist nicht gut, dass der Mensch allein sei; ich will ihm eine Hilfe machen, die ihm entspricht.

aus 1. Kor. 12: ... Es gibt aber Verschiedenheiten von Gnadengaben, aber es ist derselbe Geist; und es gibt Verschiedenheiten von Diensten,

1. Tim. 4,14: Lass nicht außer Acht die Gabe in dir, die dir gegeben ist durch Weissagung mit Handauflegung der Ältesten

2. Tim 2,6: Es soll der Bauer, der den Acker bebaut, die Früchte als Erster genießen.

Eph. 4,11: Und er hat die einen als Apostel gegeben und andere als Propheten und andere als Lehrer, zur Ausrüstung der Heiligen für das Werk des Dienstes, für die Erbauung des Leibes Christi.

5. Mose 28: ... und alle diese Segnungen werden über dich kommen und dich erreichen, wenn du der Stimme des Herrn, deines Gottes gehorchst. ... Gesegnet wird sein dein Korb und dein Backtrog ...

z.B. Jesus forderte Petrus auf, noch einmal mit den Männern auf den See zu fahren und zu fischen. Er handelte auf das Wort von Jesus hin und hatte enormen Erfolg. Die Herausforderung für Petrus bestand darin, entgegen sein Wissen und seine Erfahrung im Gehorsam gegenüber Jesus zu handeln.

Lk. 5,4-8:... Fahre hinaus auf die Tiefe, und lasst eure Netze zu einem Fang hinab! ... Und als sie dies getan hatten, umschlossen sie eine große Menge Fische, und ihre Netze rissen. ...

Manchmal gibt Gott GNADE und hilft uns übernatürlich.
z.B. Der Herr lässt Petrus den Jahresbeitrag für die Tempelsteuer aus dem Mund eines Fisches zukommen. Er wurde jedoch aufgefordert, im Glauben auf das Wort von Jesus hin zu handeln.

Mt. 17,24-27: ... zahlt euer Lehrer nicht die Doppeldrachmen? Er sagt: Doch. ... geh an den See, wirf eine Angel aus und nimm den ersten Fisch, der heraufkommt, öffne sein Maul, und du wirst einen Stater finden; den nimm und gib ihnen für mich und dich!

Lk. 10,9: Und in welche Stadt ihr kommt, und sie nehmen euch auf, da eßt, was euch vorgesetzt wird, und heilt die Kranken darin und sprecht zu ihnen: Das Reich Gottes ist nahe zu euch gekommen.

5.6.5 Heilung, Tod und Krankheit

Es ist wichtig, dass wir für eine persönliche Offenbarung über Heilung und Glauben die Bibel studieren und den Herrn suchen. Denn dieses direkte Reden von Gott trifft mitten in unser Herz und bildet ein starkes Fundament.
Solche Situationen können uns lehren zu kämpfen. Denn die Prophetie hat sich noch nicht erfüllt.

z.B. Jesus prophezeit über Lazarus, dass die Krankheit nicht zum Tode führt (» 4.5)
z.B. Hiskia bekommt noch 15 zusätzliche Jahre von Gott geschenkt, nachdem ihm bereits der Tod prophezeit wurde.

» *Bosworth, F. F.: Christus unser Heiler; Driess, S.: Weil ich Dich liebe, Heilung gehört Dir, AUDIO CD***

2. Kön. 20,2: In jenen Tagen wurde Hiskia todkrank. Und der Prophet Jesaja ... sagte zu ihm: Bestelle dein Haus! Denn du wirst sterben und nicht am Leben bleiben. Da wandte er sein Gesicht zur Wand und betete zum Herrn ... Ich habe dein Gebet gehört ... Siehe, ich will dich heilen; am dritten Tag wirst du ins Haus des Herrn hinaufgehen. Und ich will zu deinen Tagen fünfzehn Jahre hinzufügen. Aus der Hand des Königs von Assur will ich dich und diese Stadt retten.

Selbst wenn wir uns auf die Schrift beziehen und an Heilung glauben, ist eine hohe Sensibilität gegenüber der betroffenen Person gefragt.

**   erhältlich unter: www.grace-production.com

5.6.6 Wichtige Entscheidungen und Wohnortwechsel

Vor Entscheidungen sind wir besonders auf GOTTES WEGWEISUNG angewiesen. Häufig bereitet uns der Herr über einen längeren Zeitraum auf gravierende Veränderungen von Lebensumständen vor.
Es ist gefährlich, nur auf ein prophetisches Wort hin zu handeln. Wir müssen es prüfen.
Nachdem der Herr zu uns gesprochen hat, sollten wir ihn fragen: *„WIE SOLL DAS GESCHEHEN? WIE KANN ICH DORTHIN GELANGEN?"*
z.B. Abraham wurde von Gott aufgefordert, das Land seines Vaters zu verlassen.

1. Mose 12,1: Und der Herr sprach zu Abram: Geh aus deinem Land und aus deiner Verwandtschaft und aus dem Haus deines Vaters in das Land, das ich dir zeigen werde. ...

5.6.7 Korrektur und Warnung

Gott ermahnt und warnt uns durch prophetische Worte immer mit dem Ziel, uns an das Herz Gottes zu führen und uns zurück an den Platz zu bringen, an dem Gott uns SEGNEN kann.
z.B. Hesekiel wurde als Prophet zum Wächter über Israel gesetzt, nachdem er auf gewaltige Weise von Gottes Herrlichkeit erfasst wurde. Das Leben von Hesekiel zeigt uns auf, wie mit zunehmender Erkenntnis unsere Verantwortung wächst.

aus Hes. 3: ... rede zum Haus Israel und rede mit meinen Worten zu ihnen! ...

Ich habe dich für das Haus Israel zum Wächter gegeben. Und hörst du ein Wort aus meinem Mund, so sollst du sie von mir verwarnen.

Jesus korrigiert uns aus Liebe und es schmerzt ihn, wenn wir sündigen. KORREKTUR soll und darf aus einer liebenden Haltung heraus geschehen. Die betreffende Person soll das Gefühl haben, dass wir für und nicht gegen sie sind.

Mt. 18,15-16: Wenn aber dein Bruder sündigt, so geh hin, überführe ihn zwischen dir und ihm allein! Wenn er auf dich hört, so hast du deinen Bruder gewonnen. Wenn er aber nicht hört, so nimm noch einen oder zwei mit dir, damit aus zweier oder dreier Zeugen Mund jede Sache bestätigt werde.

Reflexion

In einem prophetischen Wort offenbart uns Gott seine Sichtweise bzw. seinen Plan über eine Situation aus der Vergangenheit, Gegenwart oder Zukunft. Ein Wort aus der Vergangenheit ist meist ein Wort der Erkenntnis. Ein Wort der Erkenntnis beschreibt eine Situation. Dem sollte ein prophetisches Wort, also ein Einblick in das Herz Gottes, folgen. In manche Lebensbereichen wie z.B. Beziehungen, Schwangerschaften und Tod sollten wir nur aus einer geistlichen und persönlichen Reife heraus und mit einem hohen Maß an Sensibilität prophezeien.

Worin unterscheidet sich ein Wort der Erkenntnis von einem prophetischen Wort?

_____

_____

_____

_____

_____

_____

_____

_____

Welche Bedeutung hat das bestätigende Wort für uns?

_____

_____

_____

_____

_____

_____

_____

_____

Weiterführendes Lehrmaterial***

Bücher	CD ROMs
Bosworth, F. F.: Christus unser Heiler	Driess, S.: Weil ich Dich liebe, Heilung gehört Dir, AUDIO CD
Meyer, J.: Heilung für zerbrochene Herzen	

***   erhältlich unter: www.grace-production.com

6 UMGANG MIT DEM PROPHETISCHEN WORT

PROPHETIE ERLEBT

VON GOTT BERÜHRT UND VERÄNDERT

Vor einigen Jahren habe ich mich trotz christlich geprägter Erziehung von Gott distanziert. Ich stellte Gott noch hier und da Fragen, aber erwartete nicht wirklich eine Antwort, geschweige denn konkrete Wegweisung für mein Leben. Ich war Mitarbeiter im CVJM, begann aber meine eigenen Lebensziele zu verwirklichen. So verneinte ich auch die Anfrage, (die Leitung eines Jugendkreises zu übernehemen), dem CVJM-Vorstand beizutreten. Von Prophetie habe ich auch noch nie so richtig etwas gehört. Dennoch änderte folgendes Prophetisches Wort, als Gottes persönliches Reden zu mir, innerhalb von ein paar Minuten mein ganzes Leben (sinngemäß wiedergegeben): „Deine Arbeit im CVJM-/Landeskirche wird nur der Anfang sein, du hast eine Salbung für Jugendliche und Du bist jemand, der anderen vorangeht. Gott hat dir die Gabe der Heilung gegeben".

Jesus selbst begegnete mir zum ersten mal in diesen Worten und seither brenne ich für ihn.

Es war für mich unvorstellbar, dass Gott mich so konkret kannte. Woher wusste dieser Mann, der mir diese Worte weitergab, Dinge über mich, die er gar nicht wissen konnte? Ich übernahm daraufhin die Leitung des Jugendkreises, auch eines Hauskreises und bin nun seit mehreren Jahren auch im Vorstand des CVJM tätig. Das Zusammensein mit Jugendlichen geniesse ich sehr. Derzeit benutzt und schult mich Gott in der Gabe der Heilung, besonders in der Mitarbeit in den Healing Rooms oder bei Evangelisationen.

Übersicht

Propheten sind ein Sprachrohr Gottes. Das Aussprechen von Gottes Gedanken und seinen Plänen über unserem Leben, ist mit Kraft und Auswirkungen in der sichtbaren und unsichtbaren Welt verbunden. Inwieweit das Wort und damit der Wille Gottes zur Erfüllung kommen, hängt auch von unserer Reaktion und Aktion ab. Nachfolgend werden einige wichtige Punkte zum praktischen Umgang mit dem prophetischen Wort erarbeitet. Es wird deutlich, dass die Erfüllung eines persönlichen prophetischen Wortes an Bedingungen, die unsererseits zu erfüllen sind, geknüpft sein kann.

Meditationsvers

> *STREBT NACH DER LIEBE; EIFERT ABER NACH DEN GEISTLICHEN GABEN, BESONDERS ABER, DASS IHR WEISSAGT! ... WER ABER WEISSAGT, REDET ZU DEN MENSCHEN ZUR **ERBAUUNG** UND **ERMAHNUNG** UND **TRÖSTUNG**. 1. KOR. 14,1 UND 3*

Schlüsselwörter

ZUM VERTIEFENDEN EIGENSTUDIUM

HIERFÜR STEHEN KEINE AUFNAHMEN ZUR VERFÜGUNG

- ***ERBAUUNG*** – griechisch oikodomae von oikodomeo: ***EIN HAUS BAUEN***

  Kurzbeschreibung: ein Haus bauen; im übertragenen Sinn Erbauen, Aufbau, Erbauung, zur Erbauung

- ***ERMAHNUNG*** – griechsich. paraklaesis von parakaleo: ***ERMAHNUGN, ERMAHNEN, TRÖSTEN, ERMUTIGEN***

  Kurzbeschreibung: Ermahnung, Trost, Zuspruch, Ermutigung

- ***TRÖSTUNG*** – griechsich parathymia: ***ZUM TROST, ZUSPRUCH***

  Kurzbeschreibung: s.o.

6.1 Erwarten und Empfangen und Weitergeben

Es ist wichtig, dass wir uns evtl. vorhandener bitterer Wurzeln, z.B. des Zorns, der Bitterkeit und des Ärgers, bewusst werden und diese ausräumen. Sie sind offene Türen für das Wirken Satans. Außerdem verhindern sie einen Lebensstil der völligen Hingabe an Jesus. Dieser ist die Voraussetzung für das Dienen in Demut. Eine demütige Haltung sucht immer das echte Wirken des Heiligen Geistes. In dieser Demut sollen wir auch das Prophetische prüfen.

Erwarten

Durch das Wort Gottes sind wir aufgefordert, ein Verlangen nach dem prophetischen Reden entsprechend 1. Kor. 14 zu entwickeln. Paulus spricht hier von der allgemeinen Weissagung zur Ermutigung der Gläubigen (» Meditationsvers).

_____

_____

_____

_____

_____

Empfangen

Prophetische Worte empfangen wir durch den HEILIGEN GEIST. Je mehr wir von der Liebe Jesu erfasst sind, umso genauer empfangen und geben wir weiter, was auf dem Herzen Gottes ist.

1. Thess. 5,16-18: Freut euch allezeit! Betet unablässig! Sagt in allem Dank! Denn dies ist der Wille Gottes in Christus Jesus für euch.

Wichtige Schritte zum Empfangen sind:

* GEBET als eine der wichtigsten Säulen im Prophetischen

_____

_____

_____

* Meditation über das Wort Gottes

_____

_____

_____

» *Driess, S.: Gibt es christliche Meditation, AUDIO CD***

_____

**   erhältlich unter: www.grace-production.com

- Warten auf Gott

- Beten in Zungen.

Das Reden des Heiligen Geistes führt uns in erster Linie immer dahin, dass wir den HERRN SUCHEN. Manchmal gibt uns der Herr auch nur einen ersten Teil, der sich erschließt, wenn wir vor ihn kommen und das Wort weiter bewegen. Manchmal ist dies zum Weitergeben, jedoch nicht immer.

Wenn Gott zu uns spricht, führt es uns hinein in:

- Prophetische Fürbitte

- Tragen von Lasten

- Überprüfen der Motivation

- Prophetisches Beten und Reden in Erwartung

- Aussprechen des Wortes (» 7.1 – 7.3).

6.2 Anwenden

Richtungsweisung und Zeitpunkte

Vom Heiligen Geist inspirierte prophetische Worte lösen eine DYNAMIK in der UNSICHT-BAREN WELT aus. Wir werden oftmals geprüft, sobald das Wort ausgesprochen wurde.

Die ERSTE OFFENBARUNG zeigt meistens in eine RICHTUNG, gibt aber sehr oft nicht die Strategie an. Die STRATEGIE erhalten wir, indem wird dem Wort nachgehen, es bewegen, prüfen und den Herrn danach fragen.

Wir müssen die ZEITPUNKTE verstehen, die mit einer Prophetie verbunden sind.
Manche Menschen bekamen vor zehn Jahren eine Prophetie, und heute leben sie immer noch in der Einschätzung von vor zehn Jahren (z.B. Ehe oder Scheidung). Sie halten immer noch daran fest, obwohl sich Menschen anders entschieden haben.
Es kann auch sein, dass im Laufe der Zeit Menschen sich in eine andere Richtung entwickelt oder ihre Aufgaben nicht erfüllt haben.

In der Schrift sehen wir auch, dass es dem Herrn gereute und er Dinge veränderte. (» 6.5). Daher ist es wichtig, uns selbst zu fragen, wo wir noch an einer alten Prophetie festhalten, die der HERR bereits VERÄNDERT hat oder Menschen sich anders entschieden haben.

Wir müssen verstehen, dass Prophetische Worte in unserem Leben eine PROGRESSIVE OFFENBARUNG sind und ein Loslassen des Mannas von gestern erfordern.

Wenn der Herr zu uns gesprochen hat und dies vielleicht noch wiederholt hat, wir aber trotzdem sehr lange darauf warten müssen, dann haben wir vermutlich nicht gelernt, was der Herr von uns möchte.

Das prophetische Wort im Laufe der Zeit

Wir müssen verstehen, dass das prophetische Wort in unserem Leben eine progressive Offenbarung ist und ein Loslassen des Mannas von gestern bedeutet.

Das prophetische Wort entfaltet sich dann auf dem Weg wie eine LANDKARTE und bringt dann mehr:

- Klarheit

- Fokus

- Partnerschaft mit Gott und damit Verständnis

_____

_____

_____

_____

_____

_____

_____

Wir lernen die Zeitpunkte des Himmels zu verstehen.

zum Nachdenken

> GOTT MISST NICHT AN DER ZEIT, SONDERN AM WACHSTUM.

_____

_____

_____

Gott spricht aus einer unendlichen Perspektive: Bei ihm sind ein Tag wie tausend Jahre und tausend Jahre wie ein Tag.

Indem wir dankbar sind und lernen, was Gott durch die Prozesse in uns verändern möchte, können wir schneller durch Zeiten der Wüste gehen.
Wenn der Herr zu uns gesprochen hat und dies vielleicht noch wiederholt hat, wir aber trotzdem sehr lange darauf warten müssen, dann haben wir vermutlich nicht gelernt, was der Herr von uns möchte.

Prophetische Worte lösen einen Prozess aus und wir werden getestet

Wenn wir Gott schon im Training loslassen, dann werden wir ihm auch nicht während des Dienstes treu sein. Er wird uns prüfen, sobald das prophetische Wort ausgesprochen wurde.

Unabhängig davon, wie viele Menschen gegen uns stehen und der Teufel sich gegen uns stellt: *„Bleib dran!! Der Herr wird dich belohnen!"*

---

z.B. Gott sprach zu Hesekiel und hat ihn berufen: *„Israel wird nicht hören auf dein Wort, was du sagst, du sollst aber mein Prophet sein"* (was für eine Jobbeschreibung).

Hes. 33,31: Und sie kommen zu dir, wie eben Volk zusammenkommt, und sitzen vor dir, als mein Volk und hören deine Worte, aber sie tun sie nicht ...

Wir können uns fragen: *„Wo habe ich erlebt, dass sich Widerstand gegen mich aufmachte, nachdem ich ein prophetisches Wort bekommen habe?"*

6.3 Potential und beschlossene Werke

Manchmal kommt ein korrektes und bestätigtes Wort nicht zustande.

So unterscheiden wir zwischen dem Potential und beschlossenen Werken:

Potential

Es wird die Möglichkeit für das Zustandekommen von etwas beschrieben, weil die Fähigkeiten vorhanden sind.
z.B. Frank hat einen Ruf, nach Asien zu gehen. Er entscheidet sich aber anders oder er ist verheiratet, und seine Frau möchte nicht gehen. Hier wird er durch Umstände gehindert. *„HERR, WAS MUSS ICH TUN, BETEN, WARTEN?"*

Festgesetzt und endgültig – beschlossene Werke

Dies ist ein festgesetztes Ereignis, welches sicher eintreten wird.
z.B. Jesus wird wiederkommen.

Der Prophet kann vielleicht auch eine Sache hervorrufen und sagen: *„Ich erkläre es jetzt und rufe es hervor."* Aber möglicherweise hat er nicht erkannt, dass er nur das Potential gesehen hat.

Das prophetische Wort wurde falsch ausgelegt und angewandt.

6.4 Verzögerungen und eigene Ansichten

Manchmal verzögert sich das Eintreffen eines prophetischen Wortes.
Es kann aber auch sein, dass unsere eigene Sicht uns blockiert:

„Zurück in die Zukunft"

Wir legen den Zeitpunkt falsch aus.
z.B. Gott spricht heute über das Jahr 2018. Wenn wir Bestätigung bezüglich eines Wortes suchen, sollten wir auch Gott um Bestätigung des Zeitpunktes bitten.

_____
_____
_____
_____

Unsere eigenen Prioritäten

Der Herr möchte vielleicht gar nicht darüber sprechen, was in unseren Augen momentan so wichtig ist.

_____
_____
_____
_____

z.B. *„Ich werde die Sehnsucht deines Herzens stillen. Dein Vater im Himmel weiß genau was du brauchst. Wir denken vielleicht, dass der Herr zu uns über das neue Motorrad, welches wir uns wünschen, spricht."*

_____
_____
_____
_____

Wir möchten das Gesagte nicht hören.

Darum legen wir es so aus, wie wir es möchten.

_____
_____
_____
_____
_____
_____
_____

Hes. 33,31:

Und sie kommen zu dir, wie eben Volk zusammenkommt, und sitzen vor dir als mein Volk und hören deine Worte, aber sie tun sie nicht ...

Biblisches Reden in Gleichnissen und Rätseln

Das Wort scheint klar, hat aber eine andere Bedeutung oder es kommt anders zustande als wir es zu einem Zeitpunkt gedacht haben.

z.B. der Tempel wird niedergerissen und in drei Tagen wieder aufgebaut.

Manchmal kennen wir im Moment die Bedeutung des Wortes nicht

Die Schrift sagt: *„Prüft alles, und das Gute behaltet."*
Wenn wir nicht verstehen, ob und was Gott uns sagen möchte oder es nicht in Realität kommt, kann es sein, dass die Botschaft nicht von Gott war und wir sie beiseite legen können.

_____

_____

_____

_____

_____

_____

Mögliche Gründe für Verzögerungen können sein:

* der Zeitpunkt stimmt nicht

_____

_____

_____

_____

* Gewohnheit, Zeit mit Gott zu verbringen schärft deine Sensibilität für die Zeitpunkte

_____

_____

_____

_____

_____

_____

_____

_____

_____

- ohne oder mit Bedingungen (Potential)

- die Auslegung des Gesagten wird von der Person und dem was sie will, beeinflusst

- Vielleicht war es anders gemeint, als wir es dachten.

zum Nachdenken

> WELCHE VERZÖGERUNGEN HABE ICH ERLEBT?
> WARUM GLAUBE ICH, GESCHAH DAS?
> WAS MÖCHTE ICH DAGEGEN TUN?

6.5 Falsches, Ungenaues und Eigenes

Das Wort FALSCH beinhaltet verführen, lügen und aus einem falschen Motiv heraus etwas tun. Bewerten wir ein Prophetisches Wort oder einen Propheten als falsch, dann drücken wir aus, dass das Wort unwahr ist oder die Person heimtückisch bzw. lügnerisch ist. Wenn wir solche Eigenschaften jemanden auflegen, stellen wir seinen Lebensstil, seine Lehre, seine Integrität und seinen Geist in Frage. Wir richten die Person.

Daher ist es besser das Wort UNGENAU zu benutzen. Mit ungenau drücken wir aus, dass die Prophetie nicht ganz der Wahrheit entspricht, also nicht 100 % ig richtig ist.
Treten Unstimmigkeiten bezüglich eines Wortes auf, ist es wichtig dies zuerst als ungenau anstatt falsch anzusehen.

Im Gegensatz dazu spricht man von einer GENAUEN Prophetie, wenn wir exakt nur das weitergeben, was wir von Gott gehört haben.

Häufig finden wir ungenaue Prophetien, wenn eigene Meinungen, Vermutungen oder Vorurteile in ein Wort mit einfließen. EIGENES vermischt sich mit dem Reden Gottes.

Es kann sein, dass sich zum Zeitpunkt des Empfangens eine Prophetie ungenau anhört. Aber nach einer Zeit und einer möglichen Veränderung der Person kann sie sich als wahr herausstellen.

Biblische Beispiele für Prophetische Worte, die zum Zeitpunkt des Empfangens ungenau aussahen:

LAZARUS wird prophezeit, die Krankheit führt nicht zum Tode (»4.5)

Jona 3: ... und er rief und sprach: noch 40 Tage und Ninive ist zerstört! Da glaubten die Leute von Ninive an Gott; und sie riefen ein Fasten aus und kleideten sich in Sacktuch ... Und Gott sah ihre Taten, dass sie von ihrem bösen Weg umkehrten. Und Gott ließ sich das Unheil gereuen, das er ihnen zu tun angesagt hatte, und er tat es nicht.

JONA empfing von Gott den Auftrag, nach Ninive zu gehen und wegen deren Verfehlungen ihren Untergang zu prophezeien. Auf sein Reden hin hat das Volk Buße getan und Gott ließ das angekündigte Gericht nicht über sie kommen.

Jes. 38,4-5: ... Geh hin und sage zu Hiskia: So spricht der Herr, der Gott deines Vaters David: Ich habe dein Gebet gehört, ich habe deine Tränen gesehen! Siehe, ich will zu deinen Tagen fünfzehn Jahre hinzufügen. Und aus der Hand des Königs von Assur will ich dich und diese Stadt retten und will diese Stadt beschirmen. ... Und dies wird dir das Zeichen vom Herrn sein ... : Siehe, ich lasse den Schatten der Sonnenuhr um so viele Stufen zurückkehren, wie die Sonne von den Stufen an der Sonnenuhr des Ahas bereits abwärts gegangen ist ...

Der Prophet Jesaja weissagte dem KÖNIG HISKIA, dass er sein Haus bestellen soll, weil er sterben wird. Er bittet um Gnade und bekommt ein neues Wort von Jesaja, dass er leben wird und zur Bestätigung ein Zeichen (durch die Sonnenuhr). Hören wir nur das erste Wort, dann kann es den Eindruck erwecken als wenn es falsch oder nicht genau war.

Biblisches Beispiel für ein Wort, das zum Zeitpunkt des Empfangens eigene Vermutungen oder persönliche Meinungen enthielt:

Nathan ermutigte David, seinen Herzenswünschen zu folgen und einen Tempel zu bauen. Gott korrigierte ihre Vorstellungen über das „Haus Gottes" und machte deutlich, dass er es ist, der das Haus auf seine Weise baut.

_____
_____
_____
_____

Biblisches Beispiel für ein Prophetisches Wort, welches zum Zeitpunkt der Weitergabe anscheinend ungenau war

AGABUS PROPHEZEITE ÜBER PAULUS, indem er den Gürtel von Paulus nahm und denselben um seine Hände und Füße band. Dann sagte er, dass die Juden Paulus in gleicher Weise binden und an die Römer übergeben werden.

Daraufhin rieten ihm die Anwesenden, sich auf den Weg nach Jerusalem zu begeben; Paulus ging jedoch trotzdem, weil er vom Herrn her einen Auftrag empfand.

Paulus kam in Gefangenschaft, jedoch auf einen anderen Weg. Das Endresultat war korrekt, jedoch der Weg dahin nicht (» Apg. 22).

Trotzdem stimmt Paulus mit dem Prophetischen Wort von Agabus überein.

Was lehrt uns das?

_____
_____
_____
_____
_____
_____
_____
_____
_____
_____
_____
_____
_____

1. Chron 17: Und es geschah, als David in seinem Haus wohnte, sagte David zum Propheten Nathan: Siehe, ich wohne in einem Haus aus Zedern, die Lade des Bundes des Herrn aber wohnt unter den Zeltdecken Und Nathan sagte zu David: Tu alles was du im Herzen hast ...

Apg. 21,10-14: Und er kam zu uns und nahm den Gürtel des Paulus und band sich die Füße und die Hände und sprach: Dies sagt der Heilige Geist: Den Mann, dem dieser Gürtel gehört, werden die Juden in Jerusalem so binden und in die Hände der Nationen überliefern ... Paulus aber antwortetet: Was macht ihr, daß ihr weint und mir das Herz brecht? Den ich bin bereit, nicht allein gebunden zu werden, sondern auch in Jerusalem für den Namen des Herrn zu sterben.

Apg. 28,18: Die wollten mich, nachdem sie mich verhört hatten, loslassen, weil keine todeswürdige Schuld an mir war. Als aber die Juden widersprachen, war ich gezwungen, mich auf den Kaiser zu berufen, nicht als hätte ich gegen meine Nation etwas zu klagen. ...

6.6 Fehler beim Anwenden

Fehler sind ein Bestandteil des Lernprozesses beim Wachsen in der prophetischen Gabe. Mit wachsender Reife werden sie weniger. Besonders bei der Ausübung dieser Gabe ist die Belehrbarkeit der prophetisch begabten Person von Bedeutung. Die prophetische Gabe wächst aus einer engen Beziehung zu unserem Herrn.

Mögliche Fehler vor der Weitergabe eines prophetischen Wortes

Aus Angst vor Fehlern haben wir innerliche Blockaden aufgebaut (» 7.1 – 7.3).

Wir prohezeien aus einer falschen Motivation heraus, z.B. dem Wunsch, bekannt zu sein oder als Prophet erkannt zu werden.

Uns fehlt die entsprechende Wertschätzung des Prophetischen.

Wir haben ein falsches Verständnis davon, wie Gott zu uns spricht.

Wir haben kein Wort empfangen, aber weil jeder erwartet, geben wir dem Druck nach.

Mögliche Fehler bei der Weitergabe des prophetischen Wortes

Wir geben nur einen Teil dessen weiter, was wir von Gott empfangen haben.

Wir lehnen das Wort ab, weil uns der Inhalt nicht gefällt.

Das Prophetische Wort wird zum falschen Zeitpunkt mitgeteilt.

Wir geben das Wort der falschen Person weiter.

Wir hätten das Wort überhaupt nicht weitergeben sollen.

Es werden eigene Gedanken hinzugefügt.

Mögliche Fehler beim Empfangen des prophetischen Wortes

Wir lehnen das Wort ab, weil uns Inhalt, Person oder Zeitpunkt nicht passen.

Wir lehnen das Wort ab, weil uns der Inhalt nicht gefällt.

Das Wort ist nur in die Zukunft gerichtet.

Es wird nicht anhand der Bibel geprüft.

Die enthaltenen Bedingungen werden nicht erfüllt.

Eigene Notizen

Es wird nicht anhand der Bibel geprüft.

Reflexion

Die Hintergrundsinformationen und praktischen Hinweise zum Umgang mit persönlicher Prophetie in diesem Kapitel berücksichtigen sowohl die Sichtweise des Weitergebenden als auch des Empfängers. Trifft ein Wort scheinbar nicht ein, dann obliegt es unserer Verantwortung zu prüfen, inwieweit es sich verzögert oder wir die Bedingungen, die an das Wort geknüpft sind, nicht erfüllen. Wir prüfen es anhand der Schrift und legen die Teile beiseite, die sich als ungenau herausgestellt haben. Paulus fordert Timotheus auf, seine prophetischen Worte zum Kampf einzusetzen. Auch wir werden durch prophetische Worte zur geistlichen Kampfführung aufgefordert.

Was verstehe ich persönlich unter geistlicher Kampfführung?

In welchem Zusammenhang steht der Begriff Ermahnung aus 1. Kor. 14,3 zur Liebe Gottes?

Wie kann ich gemäß Gottes Wort mit prophetischen Worten umgehen, die sich scheinbar nicht erfüllen?

Weshalb ist es wichtig, länger zurückliegende prophetische Worte aus aktueller Perspektive vor dem Herrn zu bewegen?

Weiterführendes Lehrmaterial**

Bücher	CD ROMs
Thompson, S.: Alle können prophetisch reden Jacobs, C.: Der Prophet in Dir	Driess, S.: Schule des prophetischen Dienstes, MP3 SET

** erhältlich unter www.grace-production.com

7 HINDERNISSE IM UMGANG MIT DEM PROPHETISCHEN WORT

PROPHETIE ERLEBT

MIT GOTT INS AUSLAND

„Hier eine Ermutigung für dich: Am 4. Mai vor drei Jahren hattest du, im Haus von Jens E.. eine Prophetie für mich, die lautete folgendermaßen: Für einen bestimmten Zeitabschnitt, Barmherzigkeitsdienst im Ausland/ in einem Krankenhaus.

Damals habe ich gedacht, jetzt hast du dich bestimmt verhört, da konnte ich mir das gar nicht vorstellen, weil ich eigentlich Krankenpflege hasse, und demnach auch keine Krankenschwester bin.

Gut, dass ich es trotzdem aufgeschrieben habe!!!

Um es kurz zu machen, ich persönlich habe noch nie erlebt, wie sich eine Prophetie so exakt erfüllt, und zwar hat Gott mich auf die Stunde genau, nach drei Jahren an die Prophetie erinnert, während einer Veranstaltung (4. Mai 02). Gott hat einfach ein geniales Timing! Am 4. Mai diesen Jahres stand schon fest, dass ich im Sommer für zwei Monate nach Israel gehen werde um dort in dem Krankenhaus zu arbeiten in dem auch Renate W. und zu Zeit auch Elisabeth U. meine beste Freundin arbeiten.

Noch vor ein paar Monaten hätte ich mir das absolut nicht vorstellen können, da sieht man mal wieder, dass Gott einen echt verändern kann, wenn man es zulässt!

Dir auch ein dickes Dankeschön, dass du den Mut hast dich von Gott gebrauchen zu lassen! Diese Prophetie war für mich eine echte Ermutigung und Bestätigung, und ich war im Nachhinein echt beschämt Gottes Reden durch dich nicht ernst genommen zu haben, und sehr froh darüber, dass Gott treu ist, auch wenn wir es nicht sind!"

Übersicht

Wenn in unserem Leben nicht zustande kommt was Gott geplant und durch ein persönliches prophetisches Wort ausgesprochen hat, haben wir möglicherweise andere Entscheidungen getroffen oder andere Fehler beim Empfangen, Auslegen, Weitergeben und Anwenden gemacht. Sie können sich als Hindernisse in unserem Leben auswirken. Je genauer wir alle vier Bereiche verfolgen, umso kraftvoller ist das prophetische Wort. Erkennen wir Ungenauigkeiten und Fehler und lernen wir daraus, dann können sie zu wertvollen Schätzen werden, weil wir dadurch lernen, Schwachpunkte schneller anzugehen und geradliniger ans Ziel gelangen.

Meditationsvers

> *ES SOLL GESCHEHEN, IN DEN LETZTEN TAGEN, SPRICHT GOTT, DA WILL ICH VON MEINEM GEIST AUSGIESSEN AUF ALLES FLEISCH, UND EURE SÖHNE UND EURE TÖCHTER SOLLEN WEISSAGEN, UND EURE JÜNGLINGE SOLLEN GESICHTE SEHEN, UND EURE ALTEN SOLLEN TRÄUME HABEN.*
> *APG. 2, 17*

Schlüsselwörter

ZUM VERTIEFENDEN EIGENSTUDIUM

HIERFÜR STEHEN KEINE AUFNAHMEN ZUR VERFÜGUNG

- **VON MEINEM GEIST AUSGIESSEN** – griechisch ekcheo apo tou pneumatos mou: hier **HEILIGER GEIST** und mein

  Kurzbeschreibung: s.o.

- **WEISSAGEN** – griechsich paraklaesis von parakaleo: **PROPHEZEIEN, PROPHETISCH REDEN**

  Kurzbeschreibung: im Sinne von profaeteuo Zukünftiges voraussagen oder die Gottesoffenbarung verkünden

- **GESICHTE SEHEN** – griechsich horaseis opsontai: von horasis + horao: **SEHORGAN, GESICHT, VISION, SEHEN**

  Kurzbeschreibung: Sehen von Gesichte

7.1 Hindernisse beim Empfangen

Unsere ERFAHRUNGEN entscheiden oftmals über unsere Art des Hörens, weil wir nach unseren Vorurteilen interpretieren. Wir legen uns darauf fest, wie Gott in der Vergangenheit zu uns gesprochen hat. Eine der größten Herausforderungen kann sein, dass wir uns immer wieder für NEUE WEGE öffnen, durch die Gott zu uns spricht, und aus Fehlern der Vergangenheit so zu lernen, dass sie uns nicht blockieren (» 6.6).

z.B. Wenn Gott in der Vergangenheit häufig durch ein Bild zu uns gesprochen hat, dann kann er heute einen Traum nutzen.

HERZENSHALTUNGEN können bestimmen, inwieweit wir offen sind zu hören (» 2.1-2.2).

Sind wir in einem Bereich FESTGELEGT, so sind wir nicht fähig, darin Gottes Stimme zu hören und im Glauben zu reagieren. Wir sind aufgefordert, unsere inneren Entscheidungen und Festlegungen zu überprüfen, inwieweit sie uns blockieren. Hören wir auf die Stimme Gottes, folgen uns zahlreiche Segungen (» 2.1-2.2).

z.B. Haben wir uns festgelegt, dass wir nicht unseren Wohnort wechseln möchten, dann wird dies unser Hören auf Gott in jenem Bereich beeinflussen.

5. Mose 28,1 ff: Und es wird geschehen, wenn du der Stimme des Herrn, deines Gottes, gehorchst, dass du darauf achtest, all seine Gebote zu tun, die ich dir heute befehle, dann wird der Herr, dein Gott, dich als höchste über alle Nationen der Erde stellen. Und alle diese Segnungen werden über dich kommen und werden dich erreichen. ....

Amos 3,8: Der Löwe hat gebrüllt, wer fürchtet sich da nicht? Der Herr hat geredet, wer weissagt da nicht?

Luk 4,17 - 19: Und es wurde ihm das Buch des Propheten Jesaja gereicht; und als er das Buch aufgerollt hatte, fand er die Stelle, wo geschrieben war: „Der Geist des Herrn ist auf mir, weil er mich gesalbt hat, Armen gute Botschaft zu verkündigen ...

Suchen wir außerhalb von Christus, zieht sich der Heilige Geist zurück. Menschen spüren den Unterschied zwischen dem Echten und dem, was menschlich produziert wird. CHRISTUS LEBT IN UNS und somit kann er auf verschiedene Weise zu uns sprechen (» 6.5)

Während wir einer Person etwas weitergeben, können wir uns von ihrer Reaktion oder Situationen, die sich gerade im Umfeld abspielen, beeinflussen lassen. Wir können jedoch lernen, aus der RUHE GOTTES heraus zu prophezeien.

Wenn wir aus MENSCHENFURCHT heraus prophezeien, dann sind wir geneigt, die Erwartungen von Menschen zu erfüllen.

,Apg. 5,27-30: ... der Hohe Priester befragte sie und sprach: Wir haben euch streng geboten, in diesem Namen nicht zu lehren, ... Petrus und die Apostel aber antworteten und sprachen: Man muss Gott mehr gehorchen als den Menschen. ...

Die Zugehörigkeit zu einer christlichen Gruppe kann unser Hören beeinflussen. Denn möglicherweise übernehmen wir dort vertretene Lehrmeinungen.

Wir verstehen nicht die REAKTIONEN UNSERER GEISTLICHEN SINNE wie fühlen, riechen, hören, sehen oder schmecken.

Wir sind von unseren eigenen EMPFINDUNGEN, ERFAHRUNGEN, FRUSTRATIONEN und HERAUSFORDERUNGEN gefangen und prophezeien unsere eigenen Wünsche und Vorstellungen.

Prophetische Worte können eine MISCHUNG sein von Worten, die durch den Heiligen Geist inspiriert sind, und eigenen Gedanken. Indem wir sagen: „Ich empfinde" oder „es könnte sein" relativieren wir den Absolutheitsanspruch unserer Aussagen.

Wir spüren z.B. den Schmerz, die Trauer oder die Verletzung einer Person als SEELISCHE WAHRNEHMUNG und geben diese menschliche Information als Offenbarung Gottes weiter.

Wir überschreiten die momentane BEGRENZUNGEN unserer Gabe.

7.2 Hindernisse beim Auslegen

Vorurteile und eigene Meinungen können uns beeinflussen. Besondere Vorsicht gilt beim Prophezeien über Menschen, über deren Lebenssituationen man informiert ist.

Bei bildhaften Eindrücken oder Träumen werden nicht alle Möglichkeiten der Bedeutung von Symbolen beachtet. Diese umfassen die persönliche, biblische und alltägliche Bedeutung. Speziell bei der Traumauslegung geht es um die Identifikation der Hauptaussage. Demgemäß legt man die Symbole aus. (» 8.1)
Es wird nicht unterschieden zwischen falscher, ungenauer bzw. seelisch beeinflusster Prophetie (» 6.5, » Übung 16, » Prophetisches Tagebuch).

Es wird nicht unterschieden zwischen falscher, ungenauer und seelisch beeinflusster Prophetie (»6.5, »Übung 16, »Prophetisches Tagebuch).

7.3 Hindernisse beim Weitergeben

Das Wort wird zum falschen Zeitpunkt weitergegeben.

Menschen hören nicht nur mit den Ohren, sondern sehr stark mit dem Herzen. Wenn sie nicht annehmen können, was Gott durch uns zu ihnen sagen möchte, dann kann dies auch mit UNSERER ART, wie wir ihnen gegenübertreten, zusammenhängen.

z.B. Wenn wir aus unserer eigenen Verletzung heraus sprechen, dann spüren die Menschen das.

BILDER werden nicht nachvollziehbar erklärt und ausgelegt. Hier passieren viele Fehler, weil wir zuerst das Bild auslegen sollten und unsere Auslegung durch unser Gottesbild beeinflusst wird.

Wir sprechen aus einem FALSCHEN VERSTÄNDNIS der VATERLIEBE und FURCHT GOTTES heraus.

z.B. Möchten wir einer Person weitergeben, dass der himmlische Vater sie liebt, dann können wir Gefahr laufen, auf Grund unserer negativen Erfahrungen unser altes Vaterbild auf Gott zu projizieren. Dann besteht dadurch eine sehr hohe Gefahr der Beeinflussung.

» *Driess, S.: Mein Vater, der mich liebt1*

Das Wort wird zum falschen Zeitpunkt weitergegeben.

Menschen verstehen nicht, was wir ihnen mitteilen, weil wir nicht ihre SPRACHE benutzen.

z.B. Wir verwenden spezielle Begriffe des christlichen Sprachgebrauchs wie Salbung statt Befähigung.

Dinge werden so angesprochen, dass die PRIVATSPHÄRE von Menschen verletzt wird.

Wir prophezeien aus MENSCHENGEFÄLLIGKEIT heraus, geben nur einen Teil der Botschaft weiter oder verwässern sie.

Wir beschreiben PROBLEME, statt den Heiligen Geist nach Lösungen zu fragen. Die Menschen wissen meist selbst darüber Bescheid. Einsicht in die Perspektive Gottes aber bringt Leben und Hoffnung.

Haben wir in einem bestimmten Lebensbereich massive Probleme und prophezeien Aussagen aus diesem Bereich in das Leben einer anderen Person, besteht die massive Gefahr der VERMISCHUNG von eigenen DEFIZITEN mit dem echten Reden des HEILIGEN GEISTES.

7.4 Hindernisse beim Anwenden

Wir lehnen das gesamte Wort ab, weil bei der Weitergabe einige Fehler geschehen sind (» 7.3).

Wir lassen uns von einem bestimmten Stil der Weitergabe beeinflussen und sind abgelenkt oder nehmen das Wort nur an, wenn es entsprechend unserer Vorstellungen weitergegeben wurde. Unsere kulturelle Herkunft wird immer unsere Anwendung beeinflussen.

Können wir ein Wort nicht annehmen, dann gilt es zu fragen, inwieweit der Widerstand aus einer ablehnenden Haltung der Person gegenüber oder des gesprochenen Inhaltes herrührt.

LIES DEN TEXT UNTER FOLGENDEN FRAGESTELLUNGEN:

● WARUM KÖNNEN DIE FOLGENDEN AUSSAGEN EIN HINDERNIS FÜR DIE ANWENDUNG DER PROPHETISCHEN GABE SEIN?

● WIE KÖNNEN DIESE MÖGLICHERWEISE ÜBERWUNDEN WERDEN?

Weitere Hindernisse

- Wir nehmen nur das an, was der Erfüllung unserer Erwartungen und Wünsche ent-gegenkommt.

- Wir verstehen die Zeitpunkte Gottes nicht oder halten zu lange an einem Wort fest, selbst wenn Menschen schon andere Entscheidungen getroffen haben. Manchmal bleiben wir in der Auslegung von gestern verhaftet.

- Wir nehmen die Prophetie als das absolute Wort und prüfen es zu ungenau.

Reflexion

Hindernisse und Fehler geschehen. Es beginnt ein Lernprozess, sobald wir uns trauen, im Glauben herauszutreten und prophetische Worte weiterzugeben. Wichtig ist, die Fehler zu erkennen und bereit für Korrektur zu sein.

In diesem Bewusstsein geben wir Worte weiter und gehen mit Worten um, die wir empfangen.

Welche Bedeutung hat folgende Bibelstelle für mich bezugnehmend auf die Entwicklung meiner prophetischen Gabe: *Jes. 55, 8-9: „Denn meine Gedanken sind nicht eure Gedanken, und eure Wege sind nicht meine Wege, spricht der Herr. Denn so viel der Himmel höher ist als die Erde, so sind meine Wege höher als eure Wege und meine Gedanken als eure Gedanken".*

Weshalb ist unsere Herzenshaltung entscheidend, offen zu sein zu hören, was der Herr zu uns oder anderen sagen möchte?

Weiterführendes Lehrmaterial[**]

Bücher	CD ROMs
Bevere, J.: Spricht so der Herr?	Driess, S.: Gibt es christiliche Meditation?, AUDIO CD
	Driess, S.: Prophetische Schule Level 1, MP3 Set
	Driess, S., Stone S.: Advanced Prophetic Training, MP3 Set

[**]   erhältlich unter: www.grace-production.com

8 GRUNDLAGEN DER BIBLISCHEN TRAUM- UND SYMBOLAUSLEGUNG

PROPHETIE ERLEBT

EINE SYMBOLISCHE ZEICHENHANDLUNG ALS ZEICHEN DES SCHUTZES UND DES ÜBERFLUSSES

„Ich bin diejenige, für die Du am Abend das Wort hattest, welches mit Garten, blauen Männerstiefeln und Vater anfing.
Die Aktion, die Du in Details beschrieben hast, fand am 5.11.11 statt.

Zu Anfang der prophetischen Schule in Augsburg hatte meine Freundin einen Traum, den sie nicht verstand. Aber schon während sie ihn mir erzählte, wusste ich, da geht es um eine schwierige Zeit. Aber trotz der Gefahr war Gottes übernatürlicher Schutz da. Kurz darauf sagte Gott zu mir: „Schneide die 3 Büsche im Garten ab und mach auch die Wurzeln raus. Pflanze an diese Stelle einen Quittenbaum. Ihr braucht keinen Sichtschutz (die Büsche). Ich werde euer Schutz sein! Der Quittenbaum bedeutet: Ich bin bei euch und verlasse euch nicht. Jede einzelne Frucht, die daran wachsen wird, wird euch in dieser Zeit sagen: „Ich bin bei dir und verlasse dich nicht, ich bin dein Schutz. Der Baum wird reichlich tragen. Schenkt die Früchte weiter mit dieser Botschaft.“

Als ich dann Büsche gepflanzt hatte, sagte Gott mir, der ganze Garten wird „prophetisch“. Mittlerweile gibt es dort einen Kirschbaum „Victoria“ für Sieg, einen Quittenbaum der schon einige Wochen nach der Pflanzung voller Blüten war und jetzt Früchte trägt als Zeichen für Gottes Schutz, einen kleinen Pavillon (der Zweisamkeit) mit Weinranken von dem Wort Jesu: „Ich bin der Weinstock, ihr seid die Reben. Getrennt von mir könnt ihr nichts tun.“
Ich hatte bisher nie was angepflanzt, weil alles die Schnecken gefressen hatten. Jetzt wächst so viel darauf, das wir das gar nicht alles essen können. Das ist Gottes Versorgung.

Übersicht

Wenn in unserem Leben nicht zustande kommt was Gott geplant und durch ein persönliches prophetisches Wort ausgesprochen hat, haben wir möglicherweise andere Entscheidungen getroffen oder andere Fehler beim Empfangen, Auslegen, Weitergeben und Anwenden gemacht. Sie können sich als Hindernisse in unserem Leben auswirken. Je genauer wir alle vier Bereiche verfolgen, umso kraftvoller ist das prophetische Wort. Erkennen wir Ungenauigkeiten und Fehler und lernen wir daraus, dann können sie zu wertvollen Schätzen werden, weil wir dadurch lernen, Schwachpunkte schneller anzugehen und geradliniger ans Ziel gelangen.

Meditationsvers

*DA SAGTEN SIE ZU IHM: WIR HABEN EINEN **TRAUM** GEHABT, ABER ES GIBT KEINEN, DER IHN DEUTE. DA SAGTE JOSEF ZU IHNEN: SIND DIE **DEUTUNGEN** NICHT GOTTES SACHE.*
1. MOSE 40,8

Schlüsselwörter

ZUM VERTIEFENDEN EIGENSTUDIUM

HIERFÜR STEHEN KEINE AUFNAHMEN ZUR VERFÜGUNG

- **TRAUM** – hebräisch chalom: hier **TRAUM, TRÄUME**

  Kurzbeschreibung: einfach nur Traum

- **DEUTUNGEN** – hebräisch pitronim: *AUSLEGUNG, INTERPRETATION, DEUTUNG*

  Kurzbeschreibung: interpretieren, auslegen, auswerten, vergleichen, lösen, bildlich auslegen

8.1 Exemplarische Traumauslegung

In der Bibel finden sich 20 ausgelegte Träume. 60% davon wurden in Gleichnissen ausgelegt. Die anderen beinhalteten direkte Aussagen. Dies u.a. zeigt uns den hohen biblischen Stellenwert der symbolhaften Sprache.

Es gibt keine Formel für das Auslegen von Träumen, Bildern und Symbolen. Es geht wie generell im Umgang mit prophetischen Worten darum, eine intime Beziehung zum Heiligen Geist aufzubauen und sich zum Lebensstil zu machen.

Nachfolgend werden allgemeine Prinzipien zur Traumauslegung anhand eines Beispiels beschrieben.

» Aufnahme 8.1 Exemplarische Traumauslegung Teil 1 – Traumbeschreibung

Situationsbeschreibung:

Eine Person wurde gebeten, in einem Katholischen Gottesdienst die Moderation zu übernehmen und hat dem Herrn um Weisung gefragt. Daraufhin träumte die Person über folgendes:

Traumbeschreibung

Ich ging in die Katholische Kirche in unserem Dorf. Ich durfte den Gottesdienst mitgestalten, indem ich die Lesung hielt, Abendmahl austeilte und am Schluss des Gottesdienstes noch einmal zu den Kirchenbesuchern reden durfte. Als ich in die Sakristei hinein ging war ich sehr erstaunt. Vier Freunde von mir waren als Ministranten angezogen. Ich konnte sie deutlich erkennen. Da ich zu spät dran war, konnte ich die Lesung nicht vorab lesen. Der Mesner sagte: *„Kein Problem, das Buch ist so bereits aufgeschlagen."*

Als es so weit war, ging ich raus und stellte voller Entsetzen fest, dass es in Altdeutsch geschrieben war und das konnte ich nicht lesen. Der Mesner schob mich beiseite und las dann vor. Ich stand da wie ein Depp vor der Gemeinde. Beim Abendmahl ging ich wieder raus und holte den Kelch vom Pfarrer. Als ich vor den Kirchenbesuchern stand, stellte ich fest, dass der Kelch leer war. Wieder stand ich wie ein Depp vor der Gemeinde. Am Schluss vom Gottesdienst ging ich wieder raus aus der Sakristei und stellte fest, es waren nur noch drei alte Damen in der Kirche. Alle anderen (die Kirche war sehr gut besucht) waren bereits weg. Ich ging wieder zurück in die Sakristei und sagte dem Pfarrer: *„Es ist keiner mehr da."* Der Pfarrer sagte nichts und war traurig. Der Mesner sagte: *„Das ist ja kein Wunder, nachdem was Du heute alles geleistet hast."* Er war sehr verärgert und dann wachte ich auf.

Erklärungen zur träumenden Person

Die Person, welche den Traum hatte, war bereits von der Geburt an in der Katholischen Kiche. Die vier Freunde waren seine besten Freunde. Seine Freunde waren als Ministranten gekleidet, aber im heutigen reifen Erwachsenenalter. Deswegen war er erstaunt, sie als Ministranten zu sehen.

Die Traumauslegung beeinflussende Faktoren:

Unsere Prägung entscheidet mit über unsere Art der Auslegung. Bezogen auf das Beispiel würde jemand, der mit der Katholischen Kirche verbunden ist, diesen Traum anders auslegen als jemand, der dort nicht verwurzelt ist oder negative Erfahrungen gemacht hat.

Praktische Schritte dieser Traumauslegung

Beantworte bitte folgende Aufgabenstellungen, bevor du die Aufnahme 8.1 Grundlagen Traumauslegung Teil 2 mit den Teilnehmerbeiträgen zu möglichen Interpretationen hörst.

1. Fasse in max. vier Sätzen die Botschaft zusammen, die deiner Meinung nach der Herr in dem Traum weitergeben wollte.

    _____

    _____

    _____

    _____

    _____

2. Analysiere die persönliche Bedeutung der Katholischen Kirche für die betroffene Person, die den Traum hat:

    Welche Bedeutung hat die Katholische Kirche für die betroffene Person im Allgemeinen?

    _____

    _____

    _____

    Was hat die Person unmittelbar vor dem Traum bezüglich der Katholischen Kirche bewegt?

    _____

    _____

3. Finde heraus, an wen der Traum gerichtet ist.

    Möchte Gott persönlich zu der Person sprechen? Ist eine Botschaft z.B. für speziell diese Kirchengemeinde oder für die Katholische Kirche überhaupt?

    _____

    _____

    _____

    _____

4. Worauf legt Gott seine Aufmerksamkeit?

Wie schauen die Personen aus? Welche Rollen spielen die Personen im Traum?

5. Welche Bedeutung haben die Namen, Symbole oder Metaphern?

6. Wie fasse ich nun die Hauptaussagen zusammen?

7. Vergleiche die Antworten mit den genannten Interpretationsmöglichkeiten auf der Aufnahme:

BEISPIELE FÜR MÖGLICHE AUSLEGUNGEN, TEILNEHMERBEITRÄGE; 8.1 EXEMPLARISCHE TRAUMAUSLEGUNG TEIL 3 – AUSGEWÄHLTE ASPEKTE DER INTERPRETATION VOM AUTOR

Beispiel einer möglichen Interpretation

Aufgrund der persönlichen Symbolbedeutung und der individuellen Situation wird hier eine mögliche Auslegung vorgestellt. Andere Interpretationen sind möglich.

Titel: Die vier Freunde und die drei alten Damen

Die Person ist traditionell stark mit der Katholischen Kirche verbunden. In diesem Traum repräsentiert sie seine Gemeinde. Es wird vom Heimatort gesprochen. Der Traum beinhaltet eine Korrektur für die Gemeinde. Die Gemeinde steht im biblischen Sinn für die Braut von JESUS

Was ist jedoch die Hauptaussage des Traums?

Wir können etwas verpassen, wenn wir nicht zum richtigen Zeitpunkt richtig positioniert sind.

Die vier Freunde können in ihrer Entwicklung etwas stehen geblieben sein, da sie im Traum die Rolle von Kindern eingenommen haben.

Der traurige Pfarrer steht für:

Der Messner kann Traditionen repräsentieren.

Die alten Damen stehen für etwas Altes.

Es schaut so aus, als ob die Leiterschaft der Gemeinde wegen ihrer evtl. passiven Haltung in der Gefahr steht, etwas zu verpassen.

Der Kelch repräsentiert den Bund.

Die Lesung in altdeutsch kann evtl. darauf hinweisen, dass Gott möchte, dass die Sprache der Predigt sich stärker an den Zuhörern orientieren sollte.

Als er seine Botschaft weitergeben wollte, waren nur noch sehr wenige Zuhörer anwesend. Dies spricht wahrscheinlich von der falschen Positionierung vor Gott.

In diesem Traum werden einige Hindernisse und Strategien zur Veränderung gegeben. Ein möglicher Lösungsweg wäre dem Herrn nach möglichen Blockaden zu fragen.

Der Traum kann auch wichtige Fragen für den Träumenden persönlich bedeuten.

8.2 Prinzipien der Traumauslegung

Der Heilige Geist leitet uns

Es ist wichtig, dass wir den Heiligen Geist um Leitung bitten. DENN DIE AUS-LEGUNG IST BEI GOTT. Je nach Prägung und Erfahrung werden wir die VER-MISCHUNG MIT EIGENEM nicht ausschließen können.

_____

_____

_____

_____

Für die Auslegung von Symbolen gelten im Wesentlichen die Prinzipien zur Traum-interpretation. Sie werden im Zusammenhang ausgelegt (» 8.1).

Wir legen die Symbole mit dem Heiligen Geist aus einer liebenden Herzenshal-tung aus.

Wie setzen wir jedoch die Gegenwart Gottes frei? Unser Gehorsam setzt die Gegenwart Gottes frei. Denn Gehorsam ist ein Schlüssel.

» _Driess, S.: Gottes Reden im Alltag erleben – Grundkurs Traumauslegung;_
Rodriguez, J.: Wie kann ich meine Träume verstehen?**

Beurteilung der persönlichen Situation

Zur Beurteilung der persönlichen Bedeutung ist es gut, die betroffene Person zu fragen. Mögliche Fragen zu unserem Beispiel sind:

- Was bedeutet Katholische Kirche für dich?

- In welcher Situation hast du den Traum erhalten?

- Hast du Gott eine Frage gestellt?

- Wer sind die Schlüsselpersonen im Traum?

- Welche Rolle spielen die betroffenen Personen? Geht es um uns im Traum, dann finden wir uns häufig im Zentrum des Geschehens wieder. Nehmen wir die Beobachterrolle ein, dann geht es meist um jemand anderes.

- Wie haben die Freunde ausgeschaut?

- Welche Menschen oder Dinge waren besonders einprägsam?

_____

_____

_____

_____
** erhältlich unter: www.grace-production.com

1. Mose 40,8: Wir haben einen Traum gehabt, aber es gibt keinen, der ihn deute. Da sagte Josef zu ihnen: Sind die Deutungen nicht Gottes Sache?

Symbolanalyse

Mögliche Fragen zur Analyse des Traums und Identifikation der Symbolbedeutungen sind.

- Welche Rolle spielen die betroffenen Personen?

- Geht es um uns im Traum, dann finden wir uns häufig im Zentrum des Geschehens wieder. Nehmen wir die Beobachterrolle ein, dann geht es meist um jemand anderes.

- Wie haben die Freunde ausgeschaut?

- Welche Menschen oder Dinge waren besonders einprägsam?

- An welchen Plätzen spielt sich die Situation ab?

Symbole haben eine PERSÖNLICHE, BIBLISCHE und ALLGEMEINE BEDEUTUNG, die wir alle drei berücksichtigen müssen (» 8.2.1).

Wir dürfen mit dem Heiligen Geist zusammenarbeiten und dürfen aufgrund unserer Annahmen keine voreiligen Schlüsse ziehen.

Es besteht die Gefahr, Symbole nur anhand von Lexika auszulegen und damit nicht in dem Sinne wie Gott es gemeint hat.

» *Heller, A.: Biblische Zahlensymbolik; Heller; A.: 200 Biblische Symbole; Heller, A.: Die Namen der Bibel"*

Nutzung von Nachschlagewerken

** erhältlich unter www.grace-production.com

Die Auslegung geschieht aus der Dimension des Herzens und nicht vom Verstand her. Denn unser Gehorsam gegenüber Gott setzt die Gegenwart Gottes in unserem Leben und unserem Handeln frei, was auch unsere Traumauslegung beeinflusst.

1. Mose 40,8: Wir haben einen Traum gehabt, aber es gibt keinen, der ihn deute. Da sagte Josef zu ihnen: Sind die Deutungen nicht Gottes Sache?

Symbolauslegung am Beispiel des Löwen

Mögliche Fragen:

- Wie schaut er aus?

- Was hat er gemacht?

Wir benennen nicht nur das Symbol, sondern schauen es uns detailliert an.
z.B. Wir sehen einen brüllenden Löwe. Ein Löwe mit Zähnen hat eine andere Bedeutung als ein Löwe ohne Zähne. Fehlende Zähne stehen entweder für ein Mangel an der Fähigkeit, etwas zu analysieren oder auch für die Unfähigkeit zu verletzen.

Mt. 13, 23: Bei dem aber auf die gute Erde gesät ist, dieser ist es, der das Wort hört und versteht, der wirklich Frucht bringt; und der eine trägt hundert-, der andere sechzig-, der andere dreißig (fach).

Gehorsam unter das Wort Gottes und die Hingabe des Heiligen Geistes sind Voraussetzung für das Verständnis der Biblischen Symbolik.

Symbolauslegung am Beispiel der Schlange

Mögliche Fragen:

- Welche Bedeutung hat die Schlange von der Schrift her?

- Wo wird sie benutzt um etwas Böses und etwas Gutes zu symbolisieren?

z.B. Eine Schlange muss nicht für etwas Negatives oder den Teufel stehen. Sie kann auch im Zusammenhang Schlauheit bedeuten.

Deswegen benötigen wir manchmal Zeit, um Bilder und Träume auszulegen und die anhand des Wortes Gottes zu überprüfen.

Die EMPFINDUNGEN während des Traums oder Bildes zeigen uns, ob wir das Bild im positiven oder negativen Sinn auslegen sollen. Mit unseren Empfindungen überprüfen wir, inwieweit der Traum aus dem Licht oder der Finsternis entstammt.

_____

_____

_____

_____

_____

_____

Beispiele für die Auslegung der persönlichen Symbolik

- Materialien für das Handwerk, z.B. Hammer oder Nagel

  Ein Zimmermann verbindet mit dem Wort Nagel etwas ganz anderes als ein Christ, der an das Leiden Christi erinnert wird.

_____

_____

_____

_____

_____

- Hund

  Der Hund kann für einen als Freund, für den anderen als Feind stehen.

_____

_____

_____

_____

4. Mose 21, 4-9: und das Volk redete gegen Gott und gegen Mose: wozu habt ihr uns aus Ägypten herausgeführt? Damit wir in der Wüste sterben? ... Da sandte der Herr feurige Schlangen ... und es starb viel Volk aus Israel. ... Bete zum Herrn, dass er die Schlangen von uns wegnimmt! ... Und der Herr sprach zu Mose: Mache dir eine Schlange und tu sie auf eine Stange! Und es wird geschehen, jeder, der gebissen ist und sie ansieht, der wird am Leben bleiben. ...

- Öffentliche Plätze und Örtlichkeiten

Im Restaurant nehmen wir Speisen zu uns. Die Art des Restaurants und die Qualität der angebotenen Speisen sind für die Auslegung von Bedeutung. Das Wort Gottes nährt und stärkt unseren inneren Menschen.

- Personen oder Berufsgruppen

Personen müssen nicht unbedingt persönlich gemeint sein. Sie können auch für etwas stehen, was sie repräsentieren.
z.B. Hatte man zu seinem Onkel eine vaterähnliche Beziehung, kann der Herr durch den Onkel im Traum über die Vaterbeziehung sprechen.

- Haus und Räume

Das Haus steht für einen Ort der Gemeinschaft; die Art der Räume und deren Zustand sind von Bedeutung
z.B. Ein im Verhältnis zum Raum zu großer Fernseher kann dafür stehen, dass dem Fernsehen in der Familie zu viel Raum gegeben wird und Beziehungen vernachlässigt werden.

Zusammenfassung

Wie bei allem, auch die Interpretation von Träumen ist eine Übungssache. Unsere Prägung fließen in die Auslegung mit ein.

Identifiziere die HAUPTAUSSAGE und fasse sie zusammen. Besonders bei der Auslegung von Träumen oder Visionen gilt es, die Kernaussage zu erkennen. Haben wir die Hauptaussage verstanden, dann können die einzelnen SYMBOLE im KONTEXT angeschaut werden.

» Driess, S.: Gottes Reden im Alltag erleben – Grundkurs Traumauslegung"

Eigene Notizen

** erhältlich unter: www.grace-production.com

8.3 Übersicht Ebenen der Symboldeutungen

Symbole und Metaphern können nicht nur anhand von Lexika interpretiert werden. Sie müssen unter der Leitung des Heiligen Geistes und unter Berücksichtigung der Dimensionen sowie der zeitlichen Zusammenhänge angeschaut werden (» 8.2). Nachfolgende Ausführungen dienen als Anregung zum selbständigen Studium des Wortes Gottes.

ZUM VERTIEFENDEN EIGENSTUDIUM

HIERFÜR STEHEN KEINE AUFNAHMEN ZUR VERFÜGUNG

NACHFOLGEND WERDEN DIE EBENEN ZUR AUSLEGUNG ANHAND DES BEISPIELS „HUND" NOCH EINMAL ZUSAMMENGEFASST

• WORIN UNTERSCHEIDEN SICH DIE EBENEN ZUR SYMBOLAUSLEGUNG?

• WAS KANN ICH DARAUS LERNEN?

Biblische Bedeutung

Der Hund wird in der Bibel als unreines und geringes Tier angesehen.

_____

_____

_____

Persönliche Symbolik

Je nach kultureller und religiöser Prägung, Erziehung und Erfahrungen kann das gleiche Symbol für Menschen eine unterschiedliche Bedeutung haben. Der Hund kann für den einen Freund, für den anderen einen Feind sein

_____

_____

_____

Alltagssymbolik und kulturelle Bedeutung

In manchen Kulturen gilt der Hund als unrein und wird niemals als Haustier gehalten, in anderen Kulturen dient er als Beschützer des Hauses und Statussymbol.

_____

_____

_____

_____

> *5. Mose 23,19: Du sollst keinen Hurenlohn und kein Hundegeld in das Haus des Herrn, deines Gottes, bringen für irgendein Gelübde; denn auch diese beiden sind ein Gräuel für den Herrn, deinen Gott.*

8.4 Die Sprache der Symbolik

Symbole und Metaphern können nicht nur anhand von Lexika interpretiert werden. Sie müssen unter der Leitung des Heiligen Geistes und unter Berücksichtigung der Dimensionen sowie der zeitlichen Zusammenhänge angeschaut werden (» 8.2). Nachfolgende Ausführungen dienen als Anregung zum selbständigen Studium des Wortes Gottes.

Farben

In vielen biblischen Texten gewinnen Farben eine symbolische Bedeutung. Farben charakterisieren bestimmte Eigenschaften.
z.B. Gott gab zum Bau der Stiftshütte genaue Anweisungen zur farblichen Gestaltung.

» Driess, S.: Gottes Reden im Alltag erleben – Grundkurs Traumauslegung

Farbe	Beispiel zur Auslegung	Bibelstelle
blau	Offenbarung, emotionales Tief	
bronze	Findet sich im Vorhof der Stiftshütte Mose machte eine bronzene Schlange	4. Mose 21,19
gold	Heiligkeit, Herrlichkeit, Gier, z.B. goldenes Kalb Das Allerheiligste der Stiftshütte ist aus goldenen Elementen	Offb 21, 18 ff 4. Mose 32
grün	Leben, Wachstum, Gnade, Fruchtbarkeit	Jer, 18,8
karmesin	Sünde	Jes 1,18
purpur	Herrschaft, Autorität Königliche Gewänder waren purpurfarben	2. Mose 26,1 Ri. 8,26
regenbogen-farben	negativ oder positiv, wird am Fokus und der Grundaussage erkannt	1. Mose 9,13-16 Est 1,6
rot	Schuld, Sünde, Krieg, Mantel	Jos. 2,2-22, Offb 6,4
silber	Wird im Heiligtum der Stiftshütte verwendet	Offb. 6,4
türkis	Heiliger Geist	Hes. 1,16
weiß	Reinheit, Gerechtigkeit	Offb. 6,11

Tab. 1   Übersicht biblische Farben und ihre Bedeutung

Notizen

_____

_____

_____

_____

_____

_____

_____

Personengruppen

Zeigt uns Gott Personen, dann kann Gott entweder über die Person im Speziellen sprechen oder über etwas, was die Person für Dich persönlich oder im Allgemeinen repräsentiert. z.B. Ein Lehrer kann für eine Autoritätsperson stehen. Es ist wichtig, der persönlichen Bedeutung Beachtung zu schenken. Denn je nachdem welche Erfahrungen man gemacht hat.

Personengruppe	Beispiel zur Auslegung
Frau	Identität, Rolle
Mann	Identität, Rolle
Pastor	Autorität, Präsident
Prophet	Prophetischer Dienst, prophetische Aussage

Tab. 2   Übersicht Personengruppen und ihre mögliche prophetische Bedeutung

Notizen

Fahrzeuge

Fahrzeuge stehen symbolhaft für Dinge, die entweder in Bewegung kommen, sich bewegen oder sich entwickeln. Die Größe eines Fahrzeugs gibt oft Aufschluss über das Maß der Verantwortung, die damit verbunden ist .

Fahrzeug	Beispiel zur Auslegung
Bus	Kirche oder Einfluss von Regionen, Menschen
Airbus	z.B. Organisation
Fahrrad	Level des Dienstes, Arbeit, Gabe
Schiff, Segelboot	z.B. Organisation bei großen Schiffen kann man fragen: Was mache ich auf dem Schiff?

Tab. 3   Übersicht Fahrzeuge und ihre mögliche prophetische Bedeutung

Notizen

Gebäude

Nachfolgende Tabelle vermittelt eine Übersicht über einige Gebäudearten und Hinweise zur Interpretation.

Gebäudeart	Beispiel zur Auslegung
Bürogebäude	mögliche Fragestellung: Wie alt ist das Haus?
Haus	für die Auslegung relevante Faktoren: – Größe des Hauses – Aussehen - weiß oder aus Bricks gebaut – Treppen - geht man hinauf oder hinunter? – Fundament, Keller - jemand arbeitet unterhalb der Oberfläche, kann positive oder negative Bedeutung haben – Dachgeschoss - kann für alte Erinnerungen oder etwas, was man hinter sich gelassen hat, stehen

Tab. 4   Übersicht Gebäude und ihre mögliche prophetische Bedeutung

Notizen

_____

_____

_____

_____

_____

_____

_____

_____

Namen

Nachfolgende Tabelle vermittelt eine Übersicht über einige biblischen Namen und deren Bedeutung.

Name	Biblische Bedeutung	Bibelstelle
Aaron	der Erleuchtete	2. Mose 4,28
Abram	ehrenwerter Vater	1. Mose 11, 26
Abraham	Vater der Völkermenge	1. Mose 17, 5
Adam	Mann aus der Erde oder Mensch	1. Mose 3, 8
Andreas	der Mannhafte	Mk. 1,16
Benjamin	Sohn deiner rechten Hand oder Glückskind	1. Mose 35, 24
Damaris	Gattin, Geliebte	Apg. 17,34
Daniel	Gott ist mein Richter	Dan. 1,6

Name	Biblische Bedeutung	Bibelstelle
Eva	Mutter aller Lebenden	1. Mose 3, 20
Gabriel	Gott ist mein Held	Lк. 1,19
Gideon	Zertrümmerer	Ri., 6,11
Habakuk	lat, aus dem Geschlecht der Kornleier	Hab. 1,1
Hananias, Hananja	Jahwe ist gnädig	Apg. 22,12
Hiob	Angreifer	Hi. 1,1
Immanuel	Gott mit uns	Jes. 7,14.
Isaak	Lachen	1. MOSE 17,19
Jeremia	der Herr ist erhaben	Jer. 1,11
Jesaja	Jahwe hat Heil geschenkt	2. Kön. 20,11
Jesus	Gott rettet	Mt. 1,21
Johannes	Gott ist gnädig	Mt. 3,3
Jona	Taube	Jona 1,1
Josef	Jahwe möge vermehren	1. Mose 30,24
Josua	Jahwe ist Erlösung	2. Mose 24,13
Titus	der Geehrte	2. Kor. 8,16
Martha	Herrin	Joh. 11,5
Matthäus	Geschenk Gottes	Mt. 9,9
Mirjam	die Widerspenstige, Trotzige, Bittere	2. Mose 15,21
Mose	der aus dem Wasser gezogene	2. Mose 2,10
Nehemia	Gott hat getröstet	Neh. 8,9
Noah	Trost	1. Mose 5,29
Paulus	der Kleine, Geringe	Apg. 13,9
Ruth	Freundschaft	Rut 1,16
Salomo	der Friedliche	2. Sam. 12,24
Samuel	erhört von Gott	1. Sam. 1,20
Timotheus	der Gott ehrt	Apg. 16,1
Titus	der Geehrte	2. Kor. 8,16
Zachäus	der Gerechte	Lk. 19,5
Zacharias	der Herr hat sich erinnert	Lk. 1,5

Tab. 5   Übersicht Gebäude und ihre mögliche Prophetische Bedeutung

Notizen

Zahlen

Die Zahlen der Bibel haben neben ihrem tatsächlichen Sinn und Wert auch vielfach eine geistliche Bedeutung. Sie verdeutlichen Ordnungsprinzipien Gottes. Nachfolgend werden einige Beispiele aufgeführt.

» *Heller, A.: Biblische Zahlensymbolik*

1 – Die Zahl der absoluten Vollkommenheit und Einheit

- die Einheit des Wesens Gottes

- es gibt nur einen Gott – unseren himmlischen Vater, trotz aller Vaterschaften auf Erden

- Einheit unter den Gläubigen

- die Gemeinde wird als ein Leib mit vielen Gliedern beschrieben, deren Zusammenleben u.a. durch die Unterordnung unter einen Herrn und einen gemeinsamen Glauben gezeichnet ist.

2 – Zahl der kleinsten Gemeinschaft und der notwendigen Zeugen

- in Israel mussten zwei Zeugen gegen eine Person aussagen, um sie zu bestrafen

- Zahl der Fleischwerdung und des Sohnes.

3 – Zahl des Geistes, der göttlichen Vollkommenheit und Ganzheit

- Dreieinigkeit Gottes: Vater, Sohn und Heiliger Geist

- beinhaltet Vergangenheit, Gegenwart und Zukunft.

Notizen

5. Mose 6,4: Höre, Israel: Der Herr ist unser Gott, der Herr allein!

Eph 4,3 -4: Befleißigt euch, die Einheit des Geistes zu bewahren durch das Band des Friedens: Ein Leib und ein Geist, wie ihr auch berufen worden seid in einer Hoffnung eurer Berufung! Ein Herr, eine Taufe ...

Mt. 18,20: Wenn zwei oder drei in meinem Namen versammelt sind, da bin ich in ihrer Mitte. :

4 – Zahl der Vollständigkeit der Schöpfung und der Erde

- die vier Enden der Erde, Himmelsrichtungen

- repräsentiert die Schöpfung; z.B. durch vier lebendige Wesen: Löwe, Kalb, Mensch und Adler

- Matthäus meint mit vierfachen Boden den Ackerboden, das menschliche Herz, die Völker und das gesamte All

- vier Dinge schmelzen bei einem Brand der Welt: Himmel, Elemente, Erde und ihre Werke

- vierfach musste man erstatten, wenn man bewusst gesündigt hat.

5 – Zahl der Gnade, der Erlösung und der menschlichen Bedürftigkeit

- der Altar in der Stiftshütte war fünf Ellen lang und fünf Ellen breit

- am Teich Bethesda waren fünf Säulenhallen (Bethesda: Haus der Gnade); die fünf Säulen standen für die Bedürftigkeit des Menschen, die göttliche Gnade und die Erlösung.

6 – Zahl des Menschen, der Schöpfung der Welt, der Feindschaft gegenüber Gott und des Gerichts

- der Mensch wurde am sechsten Tag geschaffen

- Jesus starb zur sechsten Stunde am Kreuz

- sechs negative menschliche Charaktereigenschaften werden in Sprüche 6,16 genannt

- Paulus führt in Epheser 4,31 in sechs Verhaltensweisen auf, die von uns weggetan werden sollen

- sechsmal wird in der Schrift der griechische Begriff phthartos – vergänglich, zerstörbar verwendet (in Röm. 1,23, 1. Kor. 9,25; 1. Kor. 15,53-54; 1. Petr. 1,18 und 23)

- sechsmal kommt der griechische Begriff pseudomartyreoo – falsches Zeugnis ablegen vor (in Mt. 19,18; Mk. 10,19; Mk. 14, 56 und 67; Lk. 18,20 und Röm. 13,9).

Notizen

_____

_____

_____

_____

Hes. 1,5-6 und 10: Und aus seiner Mitte hervor erschien die Gestalt von vier lebenden Wesen; und dies war ihr Aussehen: Die Gestalt eines Menschen hatten sie ... Und das war die Gestalt ihrer Gesichter: Das Gesicht eines Menschen und das Gesicht eines Löwen hatten die vier rechts, und das Gesicht eines Stiers hatten die vier links, und das Gesicht eines Adlers hatten die vier.

2. Mose 27, 1: Den Altar sollst Du aus Akazienholz machen, fünf Ellen breit – viereckig soll der Altar sein – und drei Ellen hoch.

Spr. 6,16 :Sechs Dinge sind es, die dem Herrn verhasst sind, und sieben sind seiner Seele ein Greuel: stolze Augen, falsche Zunge und Hände, die unschuldiges Blut vergießen ...

Eph. 4, 31: Alle Bitterkeit und Wut und Zorn und Geschrei und Lästerung sei von euch weggetan samt aller Bosheit!

Röm. 1,23: und haben die Herrlichkeit des unvergänglichen Gottes verwandelt in das Gleichnis eines Bildes vom vergänglichen Menschen und von Vögeln und von vierfüßigen und kriechenden Tieren.

7 – Zahl der Vollkommenheit, der Fülle, der Ganzheit, der Heiligkeit, der Wahrheit, des Glaubens und der Treue

- der siebenarmige Leuchter (die Menora) der Stiftshütte (2. Mose 37,17-24)

- Gott ruhte am siebten Tag, nachdem er in sechs Tagen das Schöpfungswerk vollbracht hat

- in 5. Mose 8,8 wird von sieben Früchten gesprochen: Weizen, Gerste, Weinstöcke, Feigenbaum, Granatäpfel, Ölbäume, Honig bzw. Datteln

- der Geist Gottes wird in Jesaja 11,2 siebenfach ausgedrückt: Geist des Jehovas, Geist der Weisheit, Geist des Verstandes, Geist des Rates, Geist der Kraft, Geist der Erkenntnis, Geist der Furcht des Herrn

- Paulus gibt sieben Anweisungen für das Leben im Glauben: Zielstrebigkeit, Entschiedenheit, Erkenntnis, Enthaltsamkeit, Ausharren, Gottseligkeit, Bruderliebe, Liebe (1. Petr 1,5-7)

- in der Offenbarung finden wir jeweils siebenfach: Leuchter, Geister Gottes, Spiegel, Schalen, Posaunen; sieben Siegel, Posaunen und Zornesschalen als Ausdruck der Heiligkeit Gottes, seiner Vollkommenheit und seiner Gerechtigkeit. Es wird auch von sieben Gemeinden gesprochen.

8 – Zahl des Neubeginns

- der achte Tag entspricht dem ersten Tag der neuen Woche

- Jesus ist am achten Wochentag, den Sonntag von den Toten auferstanden

- die Beschneidung wurde am achten Lebenstag durchgeführt (1. Mose 21, 4)

- Jesus wird charakterisiert: zum einen resultiert aus der griechischen Schreibweise die Ziffer 888; zum anderen finden sich in Johannes acht verschiedene Beschreibungen von Jesus, ausgedrückt durch den griechischen Begriff egoo eimi – ich bin: *„Das Brot des Lebens; das Licht der Welt; der von mir selbst zeugt; die Tür; der gute Hirte; die Auferstehung und das Leben; der Weg, die Wahrheit und das Leben; der wahre Weinstock"* (Joh. 6 – 15).

Notizen

_____

_____

_____

_____

_____

_____

_____

1. Mose 2, 2-3: Und Gott vollendete am siebten Tag sein Werk, das er gemacht hatte. Und Gott segnete den siebten Tag und heiligte ihn; denn an ihm ruht er von all seinem Werk, das Gott geschaffen hat, indem er es machte.

2. Petr. 1, 5-7: eben deshalb wendet aber auch allen Fleiß auf und reicht in eurem Glauben die Tugend dar, in der Tugend aber die Erkenntnis, in der Erkenntnis aber die Enthaltsamkeit, in der Enthaltsamkeit aber das Ausharren, in dem Ausharren aber die Gottseligkeit, in der Gottseligkeit aber die Bruderliebe, in der Bruderliebe aber die Liebe!

Mt. 28,:: Aber spät am Sabbat, in der Dämmerung des ersten Wochentages, kam Maria Magdalena und die andere Maria, um das Grab zu besehen. ...

Joh. 6,35: Jesus sprach zu ihnen: Ich bin das Brot des Lebens. Wer zu mir kommt, wird nicht hungern, und wer an mich glaubt, wird nie mehr dürsten.

Joh. 15,1: Ich bin der wahre Weinstock, und mein Vater ist der Weingärtner.

9 – ZAHL DES GÖTTLICHEN GEHEIMNISSES, DER FRUCHT DES GEISTES

- die Zahl neun ergibt sich aus der Potenzierung der Ziffer drei

- in Galater werden neun Früchte des Geistes genannt

- in 1. Korinther 12 werden neun Geistesgaben genannt: Wort der Weisheit, Wort der Erkenntnis, Glauben, Gaben der Heilungen, Wunderwirkungen, Weissagung, Geisterunterscheidung, Sprachenrede und deren Auslegung.

10 – Zahl der Fülle und der Verantwortlichkeit

- in zehn Geboten werden uns Anweisungen für einen heiligen Lebenswandel gegeben

- im Alten Testament werden wir aufgefordert, den Zehnten zu geben (Neh. 11,1)

- im Tempel von Salomo war jeweils zehnfach vorhanden: Reinigungsbecken, goldene Leuchter und Schaubrottische.

12 – Zahl der Vollendung des Reiches Gottes und der von Gott anvertrauten Verwaltung

- der Tag gliedert sich in zwölf morgendliche und zwölf abendliche Stunden; das Jahr hat zwölf Monate

- Israel bestand aus zwölf Stämmen

- Jesus wurde von zwölf Jüngern begleitet

- Salomo verfügte über zwölf Haushalter (1. Kön. 4,7).

13 – Zahl der Sünde und des Satans

- am dreizehnten Tag verfügte Haman den Mordbefehl

- dreizehn Jahre baute Salomo an seinem eigenen Haus (1. Kön. 7,1).

Notizen

_____

_____

_____

_____

_____

_____

Gal. 5,22: Die Frucht des Geistes aber ist: Liebe, Freude, Friede, Langmut, Freundlichkeit, Güte, Treue, Sanftmut, Enthaltsamkeit.

Mt. 5,3-11: Glückselig die Armen im Geist ... Glückselig die Trauernden --- Glückselig die Sanftmütigen --- Glückselig, die nach Gerechtigkeit hungern ...

2. Chron. 4,6-8: und er machte zehn Kessel. Und er stellte fünf zur Rechten und fünf zur Linken auf, damit man darin wusch; was zum Brandopfer gehört, spült man darin ab... und er machte die zehn goldenen Leuchter ...

1. Kön. 4,7: Und Salomo hatte zwölf Vögte über ganz Israel. Sie versorgten sein Haus ...

1. Mose 14,4: Zwölf Jahre hatten sie Kedor-Laomer gedient, im dreizehnten Jahr aber empörten sie sich.

1. Kön. 7,1: Und an seinem eigenen Haus baute Salomo 13 Jahre, und er vollendete sein ganzes Haus.

40 – Zahl der vollen Reife, der Prüfung und Erziehung

- Israel wanderte vierzig Jahre durch die Wüste (5. Mose 8,4)

- Ninive erhielt vierzig Tage Zeit, um Buße zu tun (Jona 3)

- vierzig Jahre regierten David und Salomo (1. Kön. 2,11; 11,42)

- Jesus fastete vierzig Tage und Nächte in der Wüste.

Notizen

5. Mose 8,4: Deine Kleidung an dir ist nicht verschlissen, und dein Fuß ist nicht geschwollen diese vierzig Jahre.

Jona 3,4: Und Jona begann, in die Stadt hineinzugehen, und sprach: Noch vierzig Tage und Ninive ist zerstört.

1. Kön. 2,11: Und die Tage, die David über Israel König war, betrugen vierzig Jahre.

Reflexion

Spricht Gott durch Bilder und Metaphern zu uns, dann können wir durch die anschauliche Sprache uns sehr leicht vorstellen, was uns dadurch gesagt wird. Anderseits kann es auch Rätsel aufgeben oder falsch verstanden werden. Die Herausforderung besteht in der richtigen Interpretation von Symbolen und zeitlichen Zusammenhängen.

Welche drei Ebenen der Bedeutung von Symbolen müssen bei der Auslegung von Bildern oder Träumen beachtet werden? Weshalb sind diese relevant?

Beschreiben Sie die persönliche Bedeutung folgender Stelle für dich unter Berücksichtigung des Gelernten: Jes. 55,8-9: „Denn meine Gedanken sind nicht eure Gedanken, und eure Wege sind nicht meine Wege, spricht der Herr. Denn so viel der Himmel höher ist als die Erde, so sind meine Wege höher als eure Wege und meine Gedanken als eure Gedanken."

Weiterführendes Lehrmaterial**

Bücher	CD ROMs
Driess, S.: Gottes Reden im Alltag erleben – Grundkurs Traumauslegung	Driess, S., Rodriguez, J.: Wie kann ich meine Träume verstehen, MP3
Milligan, I.: Träume deuten, Träume verstehen – ein biblisches Handbuch um Gottes Stimme zu verstehen	Rodriguez, J.: Entdecke die Welt der Träume und Visionen, MP3

** erhältlich unter: www.grace-production.com

9 DIE PROPHETISCHE SPRACHE

9.1 Beispielhafte Interpretation

9.2 Ausgewählte Aussagen und mögliche Bedeutungen

PROPHETIE ERLEBT

HERAUSFORDERUNGEN MEISTERN

„Der Herr sagt: Tochter ich tue immer noch nichts ohne Gebet. Und ich schaue immer noch auf der ganzen Welt umher. Und ich schaue aus nach den Leuten, die nationale und internationale Gebetswerke zusammenbringen und diejenigen, die den Himmel bombardieren, damit auf der Erde eine Freisetzung meiner Gerechtigkeit stattfindet. Und der Herr sagt: du bist eine davon. Der Herr sagt: Da gibt es Dinge in der Vergangenheit, die du berührt hast und denkst, es ist vorbei. Und wir rufen diese Auferstehung aus. Wir rufen hervor, dass sich das Alte mit dem Neuen wieder vermischt und dieser Klang in der Nation wieder hervorbricht. Und Vater, sie fühlt sich als hätte sie in einem bestimmten Bereich versagt. Und der Herr fragt dich: War mein Blut genug oder war es das nicht? Meine Tochter, wenn mein Blut genug war, dann schau mich an und nicht dich. Tochter, du bist durch eine Enttäuschung gegangen und sagst, wenn meine Gebete da nicht funktionieren, wie können sie dann sonst funktionieren? Und der Herr sagt: Hatte ich nicht auch einen Judas, der mich verraten hat? Hat mich das disqualifiziert, der Sohn Gottes zu sein? Hat es mich disqualifiziert, der Erretter der Welt zu sein? Und der Herr sagt: Absolut nicht! So setze ich dich frei; denn du bist nicht dein eigener Erretter und dein eigener Befreier. Du bist nicht der, der sich selbst qualifiziert. Aber ich bin all diese Dinge für dich. So Vater, wir erklären neu über M. Sie lebt nicht in einer reduzierten Vision, sondern wir stellen diese hohe Berufung für die Nationen wieder her. Und ich hörte den Geist des Herrn sagen: Tochter, ich möchte nicht, dass du eine Frau bist, die nur aus Disziplin heraus lebt, sondern aus Freude. Und ich werde diese Freude in Lobpreis verwandeln, und ich werde diesen Lobpreis in einen Mantel der Stärke verwandeln und du wirst wieder wissen, was es bedeutet von Stärke zu Stärke zu gehen. Und der Herr wird es ein für alle Mal klarstellen, dass er in deiner Schwachheit stark ist.
Vater, wir segnen sie und wir sprechen Wachstum und Erweiterung aus.
... Vater, wir sprechen im Namen Jesus neue Stufen des Einflusses hervor und segnen sie im Namen Jesus."

Übersicht

Im Gebrauch der prophetischen Gabe werden häufig spezifische Redewendungen benutzt, die sich von der Alltagssprache unterscheiden. Göttliche Verheißungen für das persönliche Leben sind zum einen oft an Bedingungen geknüpft, die unsererseits zu erfüllen sind; zum anderen ist es manchmal sinnvoll, sie auf eine mögliche Korrektur Gottes an unserem Verhalten hin zu überprüfen.

Meditationsvers

*ICH HABE DEN GUTEN LAUF **GEKÄMPFT**, ICH HABE DEN LAUF **VOLLENDET**,*
*ICH HABE DEN GLAUBEN **BEWAHRT** 2. TIM 4,7*

Schlüsselwörter

ZUM VERTIEFENDEN EIGENSTUDIUM

HIERFÜR STEHEN KEINE AUFNAHMEN ZUR VERFÜGUNG

- **GEKÄMPFT** – griechisch agonie, von agonidsomai: **KAMPF**

  Kurzbeschreibung: der Schmerz, den dieser Kampf mit sich bringt

- **VOLLENDEN** – griechisch teleka, von telos: **DAS ZIEL, DAS ENDE**

  Kurzbeschreibung: am Ziel ankommen, vollenden

- **BEWAHREN** – griechisch tereka, von tereko: **DURCHHALTEN, NICHT AUFGEBEN**

  Kurzbeschreibung: durchhalten, nicht aufgeben

9.1 Beispielhafte Interpretation

ZUM VERTIEFENDEN EIGENSTUDIUM

HIERFÜR STEHEN KEINE AUFNAHMEN ZUR VERFÜGUNG

LIES DAS PROPHETISCHE WORT UND DIE AUSLEGUNG UNTER FOLGENDEN FRAGESTELLUNGEN:

• WELCHE HÄUFIG GETROFFENE AUSSAGEN KOMMEN VOR?

• WIE WURDEN DIESE AUSGELEGT UND WIE WÜRDEST DU SIE AUSLEGEN?

Auszug des prophetischen Wortes

„Der Heilige Geist sagt, Tochter es ist eine Zeit, wirklich zu vertrauen. Es ist eine Zeit im Glauben zu gehen. Es ist eine Zeit zu fokussieren, es ist eine Zeit zu beschneiden und gleichzeitig neues Land einzunehmen. ... Denn dieses neue Land wird sein wie ein Berg, den man höher und höher erklimmt, und die Luft wird oben anders sein als unten... Der Herr sagt: Ich werde dir übernatürliche, neue Strukturen des Himmels geben, so dass du Dinge neu einordnen kannst, so dass du in kürzester Zeit mehr tun kannst, in kürzester Zeit mehr ausrichten kannst, als du bisher getan hast. Aber lerne den Fokus zu halten.

Der Herr sagt, du bist nicht dazu da, Menschen zu gefallen. Du bist nicht dazu da, Problemlöser für die anderen zu sein, sondern du bist dazu da, damit du selbst ein Zeichen bist, dass wenn man voran geht, und mit einem dienenden Herzen vorangeht, der Herr selbst einem in das hineinbringt, wozu er ihn berufen hat. Der Herr sagt, ich habe dein Herz geprüft, immer und immer wieder, in Herausforderungen und auch in Zusammenarbeit mit diesem Mann, an dessen Seite ich dich gestellt habe... Du bist gerade dabei, sagt der Heilige Geist, zu entdecken, wer du wirklich bist.

Gleichzeitig achte auf dein Beziehungsnetz. Achte darauf, wer kommt um von dir zu empfangen und wer mit einem dienenden Herzen kommt. Ich habe dir den Geist der Unterscheidung gegeben. Ich werde dich an einem Ort des Loslassens bringen, des Loslassens der eigenen Ideen, des Loslassens der eigenen Pläne, des Loslassens der eigenen Zukunft.

...Vertrau mir, dass ich ein Vater bin, der an deiner Seite bleibt, auch wenn du in deinen Augen nicht so den Level erfüllst, den du dir gern wünschen würdest. Denn ich lehne dich nicht ab. Ich habe dich geliebt und ich werde dich weiterhin lieben, unabhängig wie du Dinge tun wirst. Aber vergiss nicht die Zeit der Ruhe und der Erfrischung.

Denn ich habe dich gesetzt mit vielen Fähigkeiten. Ich habe dich gesetzt, viele Dinge auf einmal zu tun. Lerne in dieser Zeit das göttliche ABC, was zuerst dran ist und lerne in dieser Zeit das göttliche Punktesystem, was wichtig ist vom Himmel her und was von menschlicher Sicht her wichtig ist.

...Und ich werde dein Versorger sein. Denn glaube mir, meine Tochter, denn der, der in mein Reich investiert, der, der meinen Kindern dient, dem werde ich dienen. ... Ich bin es, der befördert. Ich bin es, der neue Türen gibt.

Das ist eine Zeit der Neuorientierung, das ist eine Zeit der Neuformierung, das ist eine Zeit der göttlichen Offenbarungen zu dir und zu deinem Mann und ich werde es im Alltag tun, ich werde es auf der Reise tun und ich werde dir zeigen, wo Zeiten der Ruhe sind und wo Zeiten sind, wo du mitgehen sollst.

Ich werde dir zeigen, wo Türen sind, wo du durchgehen sollst und ich werde dir zeigen, wo Türen sind, die du anklopfen sollst. So segne ich dich meine Tochter an diesem Tag, dass du wissen mögest, dass der Weg, den du gegangen bist, auch wenn er entbehrlich war und schwer war, dass er von mir ist und das der Weg, der vor dir liegt, auf neue Höhen gehen wird und du wirst lernen, geistlich neu zu atmen."

Hinweise zur Auslegung persönlicher Prophetien

Es gilt zu beachten, dass je nach Erfahrung und Perspektive die Interpretation subjektiv sein kann und prophetische Worte auch anhand der zeitlichen Perspektive ausgelegt werden müssen; d.h. das Wort kann in einem Jahr eine andere Bedeutung haben als heute. Auch gilt zu beachten, dass Prophetien an Bedingungen geknüpft sind, die unsererseits zu erfüllen sind.

Interpretation ausgewählter Aussagen

Nachfolgend werden einige Aussagen des prophetischen Worts vom Empfänger ausgelegt.

Prophetische Aussage: *„Der Heilige Geist sagt, Tochter es ist eine Zeit, wirklich zu vertrauen. Es ist eine Zeit im Glauben zu gehen."*

Auslegung des Empfängers: *„Lege das Misstrauen ab; gehe voran ohne auf die Umstände zu schauen und lass dich von dem, was im Natürlichen geschieht nicht beeinflussen; ich habe alles unter Kontrolle."*

Prophetische Aussage: *„Es ist eine Zeit zu fokussieren, es ist eine Zeit zu beschneiden und gleichzeitig neues Land einzunehmen."*

Auslegung des Empfängers: *„Konzentriere dich auf das, was von Gott her wichtig ist; gib Dinge ab, lass los was dir nicht dazu hilft, zu wachsen."*

Prophetische Aussage: *„Denn dieses neue Land wird sein wie ein Berg, den man höher und höher erklimmt, und die Luft wird oben anders sein als unten..."*

Auslegung des Empfängers: *„Wenn du es nicht schaffst, Hindernisse und Blockaden in deinem Leben zu überwinden und dich in deinen Tätigkeiten auf das zu beschränken, was von Gott her wichtig ist; kann Gott dich nicht weiter im Übernatürlichen wachsen lassen. Lass dich weiter kontinuierlich von Gott trainieren und verfolge das Ziel, auch wenn der Weg dahin beschwerlich ist."*

Prophetische Aussage: *„Ich werde dir übernatürliche, neue Strukturen des Himmels geben, so dass du Dinge neu einordnen kannst, so dass du in kürzester Zeit mehr tun kannst, in kürzester Zeit mehr ausrichten kannst, als du bisher getan hast. Aber lerne den Fokus zu halten."*

Auslegung des Empfängers: *„Es kommt nicht darauf an, möglichst alles und viel zu tun, sondern das Richtige zur rechten Zeit. Überdenke deine Aufgaben und deine Zeiten und gib Dinge ab; dann wirst du viel effektiver sein. Lass dich dabei nicht von dem leiten, was Menschen sagen, sondern frage mich, was ich von dir erwarte."*

Prophetische Aussage: *„Der Herr sagt, du bist nicht dazu da, Menschen zu gefallen. Du bist nicht dazu da, Problemlöser für die anderen zu sein, sondern du bist dazu da, damit du selbst ein Zeichen bist, dass wenn man voran geht, und mit einem dienenden Herzen vorangeht, der Herr selbst einem in das hineinbringt, wozu er ihn berufen hat."*

Auslegung des Empfängers: *„Um in deine Berufung zu kommen, ist es wichtig, dass du deine Herzenshaltung gegenüber Gott bewahrst. Nicht Menschen bestimmen über deine Zukunft, sondern Gott."*

Prophetische Aussage: *„Der Herr sagt, ich habe dein Herz geprüft, immer und immer wieder, in Herausforderungen und auch in Zusammenarbeit mit diesem Mann, an dessen Seite ich dich gestellt habe"*

Auslegung des Empfängers: *„Ich habe deinen Charakter geformt und geschaut, ob du in Schwierigkeiten auf mich oder auf Menschen schaust."*
Da eine Beurteilung des „Erfolgs" fehlt, kann man davon ausgehen, dass der Prozess nicht abgeschlossen ist und die Prüfungen teilweise noch mal wiederholt werden müssen, um voranzukommen. Das „immer und immer wieder" kann jedoch auch von einem besonderen Training für besonders hohe Herausforderungen, die in der Zukunft kommen werden, sprechen.

Prophetische Aussage: *„Du bist gerade dabei, sagt der Heilige Geist, zu entdecken, wer Du wirklich bist."*

Auslegung des Empfängers: *„Lass los von dem Bild, was du von dir in der Vergangenheit hattest. Du hast noch nicht wirklich die Wahrheiten Gottes über deinem Leben ergriffen, was ein mögliches Hindernis für dich ist."*

Prophetische Aussage: *„Gleichzeitig achte auf dein Beziehungsnetz. Achte darauf, wer kommt um von dir zu empfangen und wer mit einem dienenden Herzen kommt."*

Auslegung des Empfängers: *„Lerne dich abzugrenzen. Setze Grenzen."*

Prophetische Aussage: *„Ich habe Dir den Geist der Unterscheidung gegeben."*

Auslegung des Empfängers: *„Du hast bereits die Fähigkeit zu erkennen, was von mir ist und was nicht. Du nimmst wahr, ob Menschen mich oder das Ihre suchen. Lerne, dich konsequent danach zu verhalten, unabhängig von den Erwartungen anderer Menschen."*

Prophetische Aussage: *„Ich werde dich an einem Ort des Loslassens bringen, des Loslassens der eigenen Ideen, des Loslassens der eigenen Pläne, des Loslassens der eigenen Zukunft. ..."*

Auslegung des Empfängers: *„Weil du es nicht von dir aus fertig bringst, Menschengefälligkeit etc. vollständig abzulegen und noch teilweise nach deinen Vorstellungen handelst, werde ich Schwierigkeiten zulassen, die du nicht mehr selbst lösen kannst. Ich werde dich an das Ende deiner Selbst bringen. Ich werde dich in großen Schwierigkeiten testen, ob es dir um die Verwirklichung deiner Pläne oder um mich geht. Existentielle Herausforderungen warten auf dich."*

Prophetische Aussage: *„Vertrau mir, dass ich ein Vater bin, der an deiner Seite bleibt, auch wenn du in deinen Augen nicht so den Level erfüllst, den du dir gern wünschen würdest. Denn ich lehne dich nicht ab. Ich habe dich geliebt und ich werde dich weiterhin lieben, unabhängig wie du Dinge tun wirst."*

Auslegung des Empfängers: *„Es ist nicht entscheident, keine Fehler zu machen, sondern daraus zu lernen. Selbst wenn du als Konsequenz von Fehlern zusätzliche Herausforderungen überwinden musst, gehe ich mit dir weiter."*

Prophetische Aussage: *„Und ich werde dein Versorger sein."*

Auslegung des Empfängers: *„Es können Zeiten des natürlichen Mangels kommen; lerne, die Finanzen in meinem Sinne zu verwalten, verwalte treu was ich dir geben werde."*

Prophetische Aussage: *„Ich bin es, der befördert. Ich bin es, der neue Türen gibt..."*

Auslegung des Empfängers: *„Du bist momentan noch in einer Trainingsphase. Versuche nicht schneller zu sein als ich, bleibe treu und warte auf die Gelegenheiten, die von mir auf dich zukommen werden."*

Prophetische Aussage: *„Das ist eine Zeit der Neuorientierung, das ist eine Zeit der Neuformierung, das ist eine Zeit der göttlichen Offenbarungen zu dir und zu deinem Mann und ich werde es im Alltag tun, ich werde es auf der Reise tun und ich werde dir zeigen, wo Zeiten der Ruhe sind und wo Zeiten sind, wo du mitgehen sollst. Ich werde dir zeigen, wo Türen sind, wo du durchgehen sollst und ich werde Dir zeigen, wo Türen sind, die du anklopfen sollst."*

Auslegung des Empfängers: *„Nimm Dir Zeit für die Beziehung zu deinem Mann. Erwarte, dass ich Dir in deinem normalen Alltag durch alltägliche Dinge begegne; halte dich von jeglicher Sünde fern, damit ich dir Dinge zeigen kann. Lerne, der Stimme des Heiligen Geistes mehr zu gehorchen als Menschen. Abwarten heißt jedoch nicht, passiv zu sein, sondern offene Türen zu ergreifen. Stelle dich auf neue Herausforderungen ein und lerne die Dinge, die du brauchst, um erfolgreich zu sein. Sprich über deinen Leben die Gedanken Gottes aus."*

9.2 Ausgewählte Aussagen und mögliche Bedeutungen

Exemplarisch werden einige prophetische Redewendungen und mögliche Bedeutungen beschrieben:

Der Heilige Geist sagt: ...

Man drückt damit aus, dass man ausspricht, was man vom Heiligen Geist her wahrnimmt und hört.

Ich habe ...

Damit wird oft ausgedrückt, dass über etwas gesprochen wird, was bereits im Herzen vorbereitet wurde.

Ich werde ...

Wenn wir die notwendigen Aufgaben erfüllen und Schritte gehen, wird Gott mit uns sein. Diese Aussage bedeutet nicht, dass wir passiv abwarten.

Sei still und erkenne, dass ich der Herr bin.

Wir sollen erkennen, dass der Herr die Situation unter Kontrolle hat und ruhig werden. Aus dieser Haltung heraus können wir Gott nach seiner Strategie fragen und in Aktion treten. Es heißt nicht, dass wir gar nichts tun sollen.

Ich habe Dir den Schlüssel gegeben.

Der Herr hat Dir als Strategie zur Zielerreichung eine Idee gegeben.

Der Wunsch Deines Herzens wird erfüllt.

Gott kennt unsere Bedürfnisse und wird geben, was unser Herz benötigt. Damit meint der Herr, was wir aus seiner Sicht unbedingt benötigen, nicht unserer eigenen Wünsche. Es kann z.B. Friede, Freude oder Hoffnung sein.

Jemand oder etwas stirbt.

Dies kann davon sprechen, dass wir Altes loslassen sollen, weil Gott etwas Neues vorbereitet hat. Wenn etwas stirbt, wird etwas Neues hervorgebracht.

Ich werde Dich zu einem Mann der Geduld machen.

Gemäß Römer 5,3 wird das Ausharren in schweren Zeiten Geduld bewirken. Diese Aussage weist darauf hin, dass Gott uns in schwierige Prozesse hineinführt, damit Geduld in uns gestärkt wird.

Ich werde Dich zu einer Frau der Liebe machen. Liebe wird Dein Markenzeichen sein.

Diese Person wird an ihre eigenen Grenzen gebracht werden, damit sie sich von Gott mit der Agabeliebe füllen lassen kann. Es kann auch eine Prüfung Gottes sein.

Ich werde Dich zu einem Mann des Glaubens machen.

Die Schrift sagt, jeder hat ein Maß des Glaubens. Glauben kann gestärkt werden. Gott wird uns in herausfordernden und erschütternden Situationen trainieren, in denen Menschen uns nicht helfen können, sondern nur Gott allein.

Ich habe einen großen Sieg bereit.

Ich werde Dich über vieles setzen. Lerne im Kleinen treu zu sein.

Ich gebe Dir mehr Autorität.

Der Herr lehrt dich Verantwortung zu nehmen und baut in dir ein tiefes Fundament, indem er im Herzen arbeitet.

Es kommt ein neuer Dienst und eine neue Vision.

Es entsteht etwas Neues. Gott möchte dich in die Gegenwart Gottes hineinführen.

Ich werde wiederherstellen

Er führt uns zur Liebe Gottes zurück. Entfache die erste Liebe, um die Erneuerung zu ergreifen.

_____

_____

_____

_____

_____

Ich gebe dir einen weltweiten Dienst

Dir wird viel Verantwortung übertragen, ein intensiveres Training wird gefordert; Prozesse der Hingabe und Aussonderung sind notwendig.

_____

_____

_____

_____

Notizen

_____

_____

_____

_____

_____

_____

_____

_____

_____

_____

_____

_____

_____

_____

_____

_____

Reflexion

Persönliche Prophetie ist in der Regel an Bedingungen geknüpft, d.h. Gott überträgt uns einen Teil der Verantwortung für unser Leben. Es ist immer sein Ziel, uns zu ermutigen und aufzubauen. Also spricht er in Liebe zu uns und zeigt uns diese Liebe auch wenn er uns korrigiert. Prophetische Aussagen beinhalten häufig neben Wegweisung auch die Aufforderung, Hindernisse und Blockaden mit seiner Hilfe zu überwinden.

Welche prophetischen Aussagen wurden über mein Leben getroffen, die das Ziel beschreiben?

_____
_____
_____
_____
_____

Welche Bereiche wurden in diesen Aussagen angesprochen, die eine Veränderung verlangen?

_____
_____
_____
_____
_____

Welche Bedeutung hat das Reden Gottes für mich in meinem Alltag?

_____
_____
_____
_____
_____
_____

Weiterführendes Lehrmaterial[**]

Bücher	CD ROMs
Bevere, J.: Spricht so der Herr?	Driess, S.: Prophetische Schule Level 1, MP3 Set
	Driess, S., Stone S.: Advanced Prophetic Training, MP3 Set

[**] erhältlich unter: www.grace-production.com

APPENDIX A: PROPHETISCHE ÜBUNGEN

Übung 1: Eigenreflexion –
Gottes Reden in Bezug auf Veränderungen im
Leben erkennen und verstehen

Ziel _____

Diese Übung kann uns helfen, sensibler für die Führung des Heiligen Geistes auf unserem Lebensweg zu werden und zu verstehen, auf welche Art und Weise Gott persönlich zu uns spricht.

Aufgabenstellung _____

1.   Formuliere die grundlegende Berufung Gottes für dein Leben.

2.   Notiere drei Situationen in deinem Leben, die mit Veränderungen einhergingen, z.B. Berufswahl oder Wohnortwechsel.

3.   Erinnere dich daran, ob und auf welche Weise Gott in der Vorbereitung darauf zu dir gesprochen hat.

4.   Überlege, ob du das Reden Gottes in jener Situation wahrgenommen und verstanden hast.

5.   Was kannst du daraus für deinen persönlichen Lernprozess gewinnen? Schreibe dein Fazit auf.

Notizen _____

_____

_____

_____

_____

_____

_____

_____

_____

_____

_____

Übung 2: Eigenreflexion – Gottes Reden bringt Veränderung

Ziel

Gottes Wort bewirkt, wozu es ausgesandt wurde. Wenn Gott zu uns spricht, dann werden wir verändert. Solche Momente der Begegnungen mit Gott sind von unschätzbarem Wert. Wenn wir bewusst über das bisherige Reden Gottes in unserem Leben nachdenken, kann uns dies motivieren, dass wir uns noch stärker danach ausstrecken.

Aufgabenstellung

1. Notiere drei Situationen, in denen Gott zu dir gesprochen hat.

2. Überlege, wie du dich dabei gefühlt hast und was es in dir bewirkt hat.

3. Welche Veränderungen hat das persönliche Reden Gottes in dir persönlich bewirkt?

   Beispiele für Veränderung können unser Denken und Verhalten sein, unsere Sichtweise über Menschen und unsere Art zu reden und zu handeln.

4. In welchen Bereichen hast du das Reden Gottes nicht bzw. zu wenig beachtet?

5. Inwieweit erwartest du von Gott, dass er zu dir spricht?

Notizen

Übung 3: Eigenreflexion –
Jesus als mein Vorbild

Ziel

Jesus lebte als Mensch auf dieser Welt und offenbarte den Menschen den Charakter seines und unseres himmlischen Vaters. Er wurde uns in allem zum Vorbild. Wenn wir uns mit dem Wirken Jesu auf der Erde beschäftigen, erleben wir die Liebe Gottes und lernen, wie wir anderen Menschen auch in einer liebenden Haltung begegnen können.

Aufgabenstellung

1. Lies in Johannes 4,1-42 die Geschichte von der Begegnung zwischen Jesus und der Samariterin am Brunnen.

2. Beantworte folgende Fragen:

   Wie hat Jesus das Gespräch mit der Samariterin begonnen?
   Welche Gründe könnte er dafür gehabt haben?

   Was bewirkte die plötzliche Veränderung im Leben dieser Frau?

   Welche Auswirkungen hatte diese Veränderung der Frau auf ihr Umfeld?

   Wodurch repräsentiert Jesus in diesem Gespräch die Liebe des himmlischen Vaters?

3. Fasse auf einer DIN A4-Seite zusammen, welche Schlussfolgerungen du daraus für dein persönliches Leben ziehen kannst.

Notizen

Übung 4: Eigenreflexion – Hindernisse und Überwindungsstrategien beim Hören der Stimme Gottes

Ziel

Gott spricht zu uns Menschen auf vielfältige Art und Weise - so steht es in seinem Wort. Obwohl wir glauben, dass die Bibel die Wahrheit sagt, fällt es uns manchmal schwer, das Reden Gottes zu hören.

Wenn wir bewusst darüber nachdenken, welches die möglichen Ursachen dafür sind, können wir Hindernisse erkennen und überwinden.

Aufgabenstellung

1. Bitte den Heiligen Geist, dir mögliche Hindernisse beim Hören der Stimme Gottes aufzuzeigen.

2. Notiere diese Hindernisse.

3. Identifiziere mögliche Ursachen für diese Blockaden.

4. Überlege dir für jedes Hindernis einen Weg zur Überwindung.

5. Notiere diese Strategien im Sinne einer Zielformulierung.

6. Setze dir Zeitpunkte und reflektiere die Entwicklung zum festgelegten Termin. Wissenschaftliche Erkenntnisse belegen, dass mit einem Zeitpunkt versehene Zielsetzungen mit wesentlich höherer Wahrscheinlichkeit erreicht werden als Ziele, die ohne zeitliche Zielvorgabe angestrebt werden.

7. Bitte Jesus im Gebet, innere Blockaden zu lösen (» 3.3).

Notizen

Übung 5: Bibelstudium –
Wege Gottes, zu uns zu sprechen

Ziel _____

Durch das Studieren der folgenden Bibelstellen werden unser biblisches Fundament und unsere Sensibilität für das Reden Gottes in unserem persönlichen Leben gestärkt.

Aufgabenstellung _____

1. Lies die folgenden Bibelstellen in jeweils zwei unterschiedlichen Übersetzungen.

2. Ordne die Bibelstellen den verschiedenen Möglichkeiten von Gottes Reden zu.

    Kreuze die jeweils richtige Antwort an (Mehrfachantworten sind möglich).
    a) Apg. 10,19   b) 1. Sam. 3,11   c) Jes. 8,1 ff   d) 4. Mose 12,6-8
    e) 1. Kön. 19,11 ff   f) Mt. 22,18   g) Joh. 6,15   h) Neh. 7,15

    Du empfängst ein Wort von Gott in Deinem Inneren, es ist nur für dich hörbar, d.h. eine Stimme, die nur für deine eigenen Ohren hörbar ist.

    a)   b)   c)   d)   e)   f)   g)   h)

    Hörbare Stimme Gottes

    a)   b)   c)   d)   e)   f)   g)   h)

    Bruchstücke und Schlagworte:
    Der Heilige Geist spricht zu dir auf unterschiedliche Art und Weise:
    – durch ein bestimmtes Wort, z.B. das Wort `Schwiegermutter` kann für Angst stehen
    – durch ein bestimmtes Thema, z.B. Vaterliebe steht für Güte Gottes

    a)   b)   c)   d)   e)   f)   g)   h)

    Inneres Wissen

    a)   b)   c)   d)   e)   f)   g)   h)

Notizen _____

_____

_____

_____

_____

Übung 6: Eigenarbeit – Die sanfte Stimme Gottes wahrnehmen

Ziel _____

Durch die folgende Übung wirst du trainiert, die sanfte Stimme Gottes zu hören.

Aufgabenstellung _____

1. Bete eine Minute in Sprachen.

2. Bitte den Herrn, mit sanfter Stimme zu dir zu sprechen oder durch eine der erwähnten Möglichkeiten. Sei dann ruhig und schließe deine Augen.

3. Warte etwa zwei Minuten.

4. Schreibe auf, was die sanfte Stimme Gottes zu dir gesagt hat:

   Auf welche Art hat Gott zu mir gesprochen?

   Was hat er gesagt?

   Was hat sein Reden in mir bewirkt? Wie geht es mir dabei?

Notizen _____

_____

_____

_____

_____

_____

_____

_____

_____

_____

_____

_____

_____

_____

_____

Übung 7: Eigenarbeit – Konkordanz Gottes

Ziel _____

Die Bibel ist das geschriebene Wort Gottes und ist als solches eine wichtige Säule des prophetischen Dienstes. Zur Entwicklung der prophetischen Gabe sollte man regelmäßig im Wort Gottes studieren. Durch den direkten (besser: sofortigen) Vergleich des Eindrucks mit (der) einer passenden Bibelstelle (oder: dem Wort Gottes) erhält man unmittelbar ein direktes Feedback und weiß sofort, ob der Eindruck gestimmt hat oder nicht.

Aufgabenstellung _____

1. Bitte Gott, dir eine Bibelstelle zu geben und notiere diese.
    Schlage diese nicht nach.

2. Bitte ihn, bezüglich der Bedeutung dieser Bibelstelle zu dir zu sprechen.
    (Achtung: Schaue diese Schriftstelle immer noch nicht im Wort Gottes an!)
    Notiere, was Gott zu dir sagt..

3. Lies die Bibelstelle. Stimmt Sie mit deinem Eindruck überein?
    (Wenn nicht, dann übe weiter.)

4. Überlege dir, was das für dich praktisch bedeutet.

3. Warte etwa zwei Minuten.

4. Schreibe auf, was die sanfte Stimme Gottes zu dir gesagt hat:

    Auf welche Art hat Gott zu mir gesprochen?

    Was hat er gesagt?

    Was hat sein Reden in mir bewirkt?

    Wie geht es mir dabei?

Notizen _____

_____

_____

_____

_____

_____

_____

Übung 8: Bibelstudium –
Wege Gottes, zu uns zu sprechen: Bild und Gesicht

Ziel _____

Manchmal teilt Gott seine Gedanken über eine bestimmte Situation in Gestalt eines Bildes mit, das wir vor unserem inneren Auge sehen. Im Neuen Testament benutzt Jesus zur Veranschaulichung häufig eine bildhafte Sprache oder Metaphern. Diese Bilder haben meist symbolhaften Charakter und müssen zum Verständnis der Botschaft interpretiert werden.

Folgende Übung zeigt einen möglichen Weg zur Auslegung eines Bildes auf.

Aufgabenstellung _____

1.   Wähle ein Bild, das du bereits empfangen hast oder ein Bild aus der Bibel.

2.   Bitte den Heiligen Geist um eine Auslegung.

3.   Identifiziere die zentrale Aussage des Bildes.

4.   Benenne zwei bis drei wesentliche Symbole.

5.   Versuche zu verstehen, welche Bedeutung die ausgewählten Symbole im natürlichen Bereich, in der Bibel und im persönlichen Bereich haben.

6.   Füge die einzelnen Interpretationen zu einer Gesamtaussage zusammen.

Notizen _____

_____

_____

_____

_____

_____

_____

_____

_____

_____

_____

_____

Übung 9: Partnerübung –
Wege Gottes, zu uns zu sprechen: Ich erinnere mich

Ziel:_____

Diese Übung bietet eine Hilfestellung, unsere eigenen Gefühle von den durch den Heiligen Geist inspirierten Wahrnehmungen über andere Personen zu unterscheiden.

Aufgabenstellung _____

1.   Suche dir einen Partner.

2.   Bete in Sprachen.

3.   Bitte den Herrn, dich an eine Begebenheit in deinem Leben zu erinnern, die entweder dein Gegenüber auch erlebt hat oder die in seine gegenwärtige Situation hineinspricht.

4.   Tauscht euch aus und gebt einander Rückmeldung:

        Inwieweit traf das Gesagte zu?

        Wie viel Prozent waren zutreffend?

Notizen _____

_____
_____
_____
_____
_____
_____
_____
_____
_____
_____
_____
_____
_____
_____

Übung 9: Partnerübung –
Wege Gottes, zu uns zu sprechen: Ich erinnere mich

Übung 10: Gruppenübung –
Wege Gottes, zu uns zu sprechen: Den kenne ich

Ziel _____

Gott benutzt auch uns bekannte Dinge und Situationen des Alltags, um zu uns zu sprechen. Jedoch muss nicht jede alltägliche Begebenheit oder Begegnung mit einer Person ein Reden Gottes sein. Durch diese Übung lernen wir, göttliche Eingebungen von unseren eigenen Wahrnehmungen zu unterscheiden.

Aufgabenstellung _____

1.   Bildet zwei Reihen von Personen, die sich jeweils gegenüber stehen.

2.   Betet in Sprachen und werde dann still.

3.   Schaut euch im Raum um oder schau die Person dir gegenüber an, und warte, bis der Herr deinen Fokus auf etwas richtet (z.B. auf einen Spruch auf dem T-Shirt, eine bestimmte Farbe, die Haare, eine Erinnerung an jemanden etc.).

4.   Frage dann den Herrn, was er dadurch sagen möchte.

5.   Teile der gegenüberstehenden Person mit, was du gesehen hast.

6.   Tauscht euch aus:

     War die Auslegung zutreffend?

Notizen _____

_____
_____
_____
_____
_____
_____
_____
_____
_____
_____
_____
_____

Übung 11: Gruppenübung –
Wege Gottes, zu uns zu sprechen: Das „Navi" – Prophezeien

Ziel:_____

Manchmal besteht die Gefahr, dass wir uns selbst durch zu langes Nachdenken während des prophetischen Redens blockieren oder eigene Gedanken hinzufügen. Eine bestimmte Art zu weissagen ist das „Navi"- Prophezeien. Dabei werden unter der Führung des Heiligen Geistes spontan und fließend prophetische Worte oder Worte der Erkenntnis ausgesprochen. Die nachfolgende Übung verdeutlicht das Prinzip dieser Methode und vermittelt uns einen Eindruck, wie Gott auf diesem Weg zu uns sprechen kann.

Aufgabenstellung _____

1.   Bildet zwei Reihen mit je acht Personen, die sich gegenüber stehen.

2.   Die eine Seite beginnt mit diesem fließenden Prophezeien (ein Leiter entscheidet).

3.   Der Leiter gibt das Kommando: „Start und ca. 30 Sekunden prophezeien!"

4.   Auf ein Zeichen des Leiters hin erfolgt der Wechsel:

     Der letzte in der Reihe geht an die Spitze, und jeder macht einen Schritt zur rechten Seite hin.

5.   Nun sollte Ihnen eine andere Person gegenüberstehen.

6.   Lasst es sofort weiter fließen und prophezeit weiter.

     Dies geschieht jeweils immer ungefähr 30 Sekunden lang, bis jeder einmal an der Reihe war.

7.   Danach beginnt die gegenüberliegende Seite und führt die gleiche Übung durch.

8.   Gebt einander Rückmeldung.

Notizen

_____
_____
_____
_____
_____
_____

Übung 12: Partnerübung –
Wege Gottes, zu uns zu sprechen: Das „sprechende" Lied

Ziel _____

Neben alltäglichen Dingen benutzt Gott auch Lieder, Gedichte und Filmszenen, um seine Botschaft zu veranschaulichen. Wir können hier unsere Sinne trainieren und unsere Interpretation für die andere Person unter der Führung des Heiligen Geistes.

Aufgabenstellung _____

1.   Suche dir einen Partner.

2.   Bete in Sprachen.

3.   Schaue die Person an und fange an, ein Lied zu summen oder zu singen.

4.   Frage den Herrn nach der Bedeutung des Textes für dein Gegenüber.

5.   Gib deinen Eindruck weiter.

6.   Bitte ihn um eine Rückmeldung.

Notizen _____

Übung 13: Bibelstudium –
Wege Gottes, zu uns zu sprechen: Erscheinungen Gottes

Ziel:_____

Was verstehen wir unter Erscheinungen Gottes? Wenn wir die genannten Bibelstellen studieren, erhalten wir einen Einblick, wie sich der Herr im Alten und Neuen Testament selbst offenbarte.

Aufgabenstellung _____

1. Schreibe hinter jede Bibelstelle, wie sich der Herr offenbarte:

   1. Mose 20,3 _____

   1. Mose 18,1ff _____

   2. Mose 3,2ff _____

   2. Mose 16,10 _____

   2. Mose 33,18-34,8 _____

   1. Joh.1,14-18 _____

2. Lies diese Bibelstellen im Zusammenhang und mache dir dabei klar, was der Herr dadurch bewirkte.

Notizen _____

_____

_____

_____

_____

_____

_____

_____

_____

_____

_____

_____

_____

_____

Übung 14: Partnerübung – Prophetisches Wort für die derzeitige Situation

Ziel _____

Mit dieser Übung wird die Gabe der Prophetie geschärft und wir lernen, genau auf die Stimme Gottes zu hören, denn wir bitten dabei den Heiligen Geist um eine konkretere Erkenntnis. Dabei können wir lernen, uns selbst zu überwinden und mit möglichen Fehlern umzugehen.

Aufgabenstellung _____

1. Finde einen Partner und bitte ihn um die Erlaubnis zum Üben.

2. Bitte den Heiligen Geist, deinen Mund zu füllen.

3. Nehmt euch zwei Minuten Zeit, um in Sprachen zu beten.
    Falls dies nicht möglich ist, summe ein Lied.

4. Hört nach zwei Minuten auf.

5. Werdet ganz ruhig und sagt zu euch selbst und zum Herrn: *„Danke, lieber Vater, dass du jetzt meinen Mund mit Worten füllst, um in die jetzige Situation meines Partners zu sprechen.“*

6. Beginne in die derzeitige Situation deines Partners hinein zu sprechen.
    Tipp für den Einstieg: *„Ich glaube, dass der Heilige Geist dir sagen möchte: ...“*

7. Lasse dir eine Rückmeldung zu folgenden Aspekten geben:

    Wurde es durch einen Eindruck bestätigt, der schon im Herzen der Person war?

    Hat das Wort erklärt, was der Vater gerade tut?

    Waren unzutreffende Aussagen enthalten?

    Wie hat sich die Person beim Empfang des Wortes gefühlt? War vielleicht das Wort passend, es wurde aber nicht in Liebe mitgeteilt?

8. Welche Aussagen kann die Person nicht so sehen und muss sie erst noch einmal bewegen?

Notizen _____

_____

_____

_____

Übung 15: Eigenreflexion – Prophetisches Wort für den Tag

Ziel: _____

Hier soll unsere Wahrnehmung dafür geschärft werden, wie wichtig Gott die tägliche Kommunikation mit uns ist. Sind wir uns nicht sicher, inwieweit wir fähig sind, die Stimme Gottes für uns selbst zu hören, und können wir eigentlich nicht klar sagen, welchen persönlichen Kanal Gott gegenwärtig besonders benutzt. Dann gibt diese Übung darüber Aufschluss und zeigt Potential auf, das gestärkt werden kann.

Aufgabenstellung _____

1.   Lege dir ein prophetisches Tagebuch an.

2.   Nimm dir am Morgen ungefähr 15 Minuten Zeit.

3.   Bitte den Heiligen Geist, dir einige konkrete Situationen des vor dir liegenden Tages zu zeigen

4.   Notiere deine Eindrücke so konkret wie möglich:

     Was sagt der Herr zu mir?
     Wie habe ich das Wort empfangen (z.B. auf welcher Sinnesebene, ein plötzlicher Gedanke etc.)?

5.   Vergleiche am Ende des Tages die Eindrücke vom Morgen mit dem hinter dir liegenden Tagesablauf:

     Sind die jeweiligen Situationen eingetroffen?
     Inwieweit stimmen die Eindrücke vom Morgen?
     Auf welche Weise habe ich jene Eindrücke empfangen, die zutreffend waren, und auf welche Weise jene, die ungenau oder nicht korrekt waren?
     Gibt es Parallelen zu Eindrücken vergangener Tage?

z.B. Kann es sein, dass ich sehr exakt Gottes Stimme höre, wenn er durch Bilder zu mir spricht, dass ich aber nur sehr eingeschränkt die sogenannte ‚innere Stimme' wahrnehmen kann?

Praktischer Tipp: Setze farbliche Markierungen ein, z.B. grün für eingetroffen, rot für falsch, gelb für eingetroffen, jedoch zum falschen Zeitpunkt (» Prophetisches Tagebuch).

Notizen _____

....

....

APPENDIX B: MIT WEISHEIT DIENEN – ODER WIE ICH MIR UNNÖTIGEN ÄRGER ERSPARE

Viele haben keinen Ruf zum Amt des Propheten gemäß Epheser 4,11, aber dienen in der prophetischen Gabe. Im 1. Korinther können wir darüber lesen.

Eine der biblischen Grundlagen zur prophetischen Gabe finden wir in 1. Korinther 14,3:

„...Wer aber weissagt, redet zu Menschen, baut auf, ermahnt und tröstet." (» 4.4)

Je HEILER unsere PERSÖNLICHKEIT wird, je stärker strecken wir uns nach dem aus, was unser himmlischer Vater zu uns spricht. Es interessiert uns immer weniger, was Menschen sagen. Also fließen die Worte, die von ihm kommen, viel klarer und reiner aus unserem Mund.

Daher wird es für manche von uns vielleicht zuerst wichtig sein, sich mit der LIEBE des himmlischen Vaters füllen zu lassen, bevor wir uns tiefer nach der prophetischen Gabe ausstrecken.

» *Driess, S.: Das Herz eines Waisenkindes; Driess, S.: Mein Vater, der mich liebt, MP3 Set***

zum Nachdenken

UND ICH FIEL ZU SEINEN FÜSSEN NIEDER, IHN ANZUBETEN. UND ER SPRICHT ZU MIR: SIEHE ZU, TUE ES NICHT. ICH BIN DEIN MITKNECHT UND DER DEINER BRÜDER, DIE DAS ZEUGNIS JESU HABEN; BETE GOTT AN. DENN DER GEIST DER WEISSAGUNG IST DAS ZEUGNIS JESU. OFFB. 19,10

** erhältlich unter: www.grace-production.com

APPENDIX C: TIPPS ZUR WEITERGABE VON PROPHETISCHEN WORTEN

Unser Ziel bei der Weitergabe von prophetischen Worten sollte immer sein, die Menschen zu ERMUTIGEN, zu ERBAUEN und zu TRÖSTEN. Glaube, Hoffnung und Liebe gemäß 1. Korinther 13 sollte die Atmosphäre bestimmen. Hierzu kann man sich in die Lage der Person versetzen und sich fragen: *WIE MÖCHTE ICH GERNE DAS WORT GESAGT BEKOMMEN?*

Wir prophezeien ANTWORTEN und nicht nur die Probleme. Herausforderungen und Schwierigkeiten werden benannt.

Wir zeigen keine Sünde auf und stellen Menschen nicht bloß.

Wir vermeiden Oberflächlichkeit, z.B. *„Ihr sollt mehr beten."* Dies kann man wie folgt ausdrücken: *„Wir treten in eine herausfordernde Zeit und der Herr erinnert euch daran, dass sie nicht im Natürlichen überwunden werden kann. Der Herr ermutigt euch zum Gebet und möchte, dass ihr seine Gegenwart und Weisung sucht."*

Wir prophezeien keine Daten. Sollte man sich verhört haben, besteht die Gefahr, dass der evtl. korrekte Inhalt dann auch nicht mehr geglaubt wird.
Der Herr spricht aus der Perspektive der Ewigkeit heraus. Da gibt es keine Zeit. Außerdem können sich Dinge verzögern (» Hab. 2).

Wir prophezeien keine Partner herbei, sprechen nicht über Beziehungen, Ehen, Freundschaften oder Babys. Diese sehr persönlichen Lebensbereiche können bei starken Wünschen großes Leid hinterlassen, wenn die Prophetie sich als nicht korrekt herausstellt. (» 5.6)

Wir prophezeien nicht richtungsweisend, über ernsthafte Veränderungen oder Berufungen, z.B. *„Du bist ein Prophet."*

Wir erklären den Unterschied zwischen Potential und beschlossenen Werken. Wenn die Betroffenen nicht ihre VERANTWORTUNG wahrnehmen, wird sich das korrekt ausgesprochene Wort des Herrn nicht erfüllen (» 4.5).

Wir ermutigen die Menschen, den Herrn bezüglich der Anwendung eines prophetischen Wortes zu suchen. Es wird nicht spekuliert und keine Seelsorge angeboten.

Wir können Verschiedenes im Geistlichen sehen, jedoch ist nicht alles Prophetie, z.B.:

- ein Teil des Planes des Herrn für diese Person

- Pläne des Satans

- das Verlangen, welches eine Person im Herzen trägt

- sündhafte Lebensbereiche, die Veränderung und Hilfestellung benötigen

- Bereiche, die Heilung brauchen

- ungenutzte Gaben

- familiär geprägte geistliche Einflüsse

- seelische Bindungen an Menschen, Tiere oder Gegenstände

- Dinge, die einfach da sind

zum Nachdenken

> DAS GEHEIMNIS DES HERRN IST UNTER DENEN, DIE IHN FÜRCHTEN:
> UND SEINEN BUND LÄSST ER SIE WISSEN Ps. 25,14

Diese Bibeslstelle kann man mit anderen Worten ausdrücken: Der Herr zieht ins Vertrauen, die ihn FÜRCHTEN.

Für die oben genannten Punkte ist REIFE in der Auslegung und Anwendung von prophetischen Worten notwendig. Daher ist Vorsicht geboten.

Also lautet meine Empfehlung für die Formulierung von Worten:

- Wir sagen nicht: *„So spricht der Herr"*

  Denn wir geben damit keinen Freiraum für Korrektur und setzen kein Zeichen, dass wir auch falsch liegen können. Wir benutzen eher: *„Ich empfinde, dass der Heilige Geist dir sagen möchte, dass ... Bitte bewege es noch einmal vor dem Herrn."* Andere Möglichkeiten sind: *„Als ich für dich betete, kamen mir folgende Gedanken, die vom Herrn sein könnten: ... Spricht das zu dir?"* oder *„Ich fühle oder Ich spüre..."*

- Sage nicht: *„Dies oder jenes wird geschehen."* Ermutige die Menschen den Herrn zu fragen, was sie nun tun sollen. Denn oft spricht Prophetie über ein Potential, welches genutzt werden kann und auf das man im Glauben reagiert (» 4.5).

- Formulier deine Aussagen immer so, dass Menschen die Möglichkeit haben es abzulehnen. Baue keinen Druck auf.

- Ein prophetisches Wort kann, selbst wenn es in der richtigen Art weitergegeben wird, auch Ängste offenbaren, z.B. Menschen haben Angst, etwas zu verpassen – oft aus einem verborgenen Leistungsdruck heraus oder weil sie Gott gefallen möchten.

- Wir setzen die Menschen niemals unter Druck oder promoten unseren Dienst. Wird er nicht empfangen, dann gehen wir weiter. Sollten wir Fehler gemacht haben, dann ENTSCHULDIGEN wir uns.

- Der Kontakt zu GLEICHGESINNTEN MENSCHEN hilft uns.

- Wir versuchen nie, unseren Lieblingsprophet nachzuahmen.

- Wir beschäftigen uns mit Gnade und Barmherzigkeit und schauen uns das Leben von JESUS als unser Vorbild an.

- Wir müssen die Menschen nicht überzeugen von dem, was wir sagen. Der Heilige Geist wird sie erinnern und weiterführen.

- Wir sind uns selbst treu und sehen nicht hinter jedem Busch einen Dämon.

- Wir haben Spaß mit anderen, die uns als Person schätzen und nicht nur von unserer Gabe profitieren möchten.

- Nicht jeder Wächter ist ein Prophet, aber jeder Prophet ist ein Wächter.

- Wir überfordern uns nicht, aber fordern uns heraus (Röm. 12,6-7)

- Wir prophezeien nicht über etwas, was wir selbst nicht glauben können.

- Wir prophezeien nicht über Heilung und Tod (» 5.6).

- Wir beschämen niemanden und stellen niemanden bloß.

- Wir sagen nicht das, was die Menschen hören möchten. Sollten wir noch von Menschenfurcht geprägt sein, dann bitten wir dem Herrn uns die Wurzel zu zeigen, z.B. Angst vor Ablehnung, und empfangen Heilung. Manchmal ist es notwendig, Seelsorge in Anspruch zu nehmen.

- Wir dienen niemals allein, es sei denn wir haben eine enge Beziehung zu der Person.

- Wir sorgen dafür, dass die Worte aufgeschrieben werden.

- Wir prophezeien nur innerhalb des von Gott gegebenen MANDATES (2. Kor 10,13).

- Wir halten zurück, wenn wir keinen Freiraum haben und respektieren den Dienst der anderen (1. Kor. 14,30 – 33).

- Wir sind eingebunden in den Dienst von Gott gegebenen Diensten. Es empfiehlt sich für das bessere Verständnis von Pastoren ein Buch über den Dienst des Pastors zu lesen.

- Wir sprechen klar und deutlich, dann wenn uns Freiraum gegeben wird. Wir reden nicht nur in Bildern, sondern legen diese auch aus. (» 3.5)

- Durch unsere Art des Dienens repräsentieren wir Jesus.

- Wir achten auf unsere MOTIVE:

  Bin ich verletzt?

  Möchte ich angesehen werden?

  Bin ich frustriert?

- Wage es nicht zu manipulieren.

- Halte ein Wort zurück, wenn Du einen persönlichen Nutzen daraus ziehen kannst.

- Achte auf die Zeitpunkte, wann du ein Wort aussprechen sollst (4. Mose 22,27-30).

- Suche dir einen Ort zum Üben und lass dir Feedback geben (» Appendix A).

Notizen _____

APPENDIX D: TIPPS ZUR ZUSAMMENARBEIT MIT DEM LEITER –
LEITER BENÖTIGEN UNSERE UNTERSTÜTZUNG.

Gewinne das VERTRAUEN des Leiters.

Lerne sein Herz und seine Vision kennen.

Zeige ihm und seiner Familie auf PRAKTISCHE ART, dass du sie liebst.

Ermutige deinen Leiter in den WILLEN GOTTES zu kommen.

Sprich in der Ich-form bei Fragen und Problemen.

Bitte deinen Leiter um RAT und Hilfe, bleibe belehrbar.

Belehre deinen Leiter nie, was du in seiner Position machen würdest.

Geh davon aus, dass seine Motive gut sind, kontrolliere ihn nicht.

Falle deinem Leiter niemals in den Rücken, sondern sei für ihn.

Bete und segne ihn und seine Familie, dass der Wille Gottes geschieht.

Notizen

APPENDIX E: DER, DER DEN WEG FINDET

Ich wurde im Geist an einem Ort genommen, der Nahel hieß. Der Name bedeutet auf indianisch: *„Der, der den Weg findet"*

Dort sah ich eine Tür, auf der stand: ´Die Tiefen des Herzens´
Ich öffnete diese Tür und sah eine Treppe, die in die Tiefe ging. Es war dunkel und doch wagte ich es, hinunter zu gehen, denn irgendwie wusste ich, dass es dort etwas Wichtiges zu entdecken gibt.

Als ich dort ankam, sah ich Männer, die wie auf einer Sklavengaleere am Ruder angekettet waren und rudern mussten. Allerdings sahen sie nicht, dass all ihre Anstrengung nichts brachte.

Eine Stimme sagte zu mir: *„Das sind die Sklaven des Gesetzes. Sie verstehen die Gnade des Heiligen Israels nicht. Sie arbeiten Tag und Nacht und kommen doch nicht voran.*
Komm und verlasse diesen Raum, denn ein Kind des Königs sollte hier nicht leben. Hier ist es, wo der Mantel der Würde zum Gewand des Sklaven wird. Hier ist es, wo das Treiben des Treibers nicht aufhört und die Schreie des Herzens nie gestillt werden. Möchtest du hier leben?"
Ich sagte: *„Nein, auf keinen Fall! Es ist hier schmutzig und dunkel. Das Licht ist zu schwach und jeder schlägt jeden. Die antreibenden Schläge der Trommel des Sklaventreibers, sind lauter als der Herzschlag. Kein Wunder, dass sie keine Richtung haben und nicht verstehen wo sie hingehen. Viele von ihnen sind krank und aussätzig. Hier möchte ich nicht sein."*

Auf einmal befand ich mich an einem anderen Platz und ich sah eine Gestalt in Winde eingehüllt. Alles um diese Gestalt herum war hell und wunderschön. Der Mann sah wunderbar aus. Er hatte goldene Haare, doch waren sie anders als die goldene Farbe, die wir kennen.

Er zeigte auf mich und sagte:
„Höre Menschensohn und siehe: Die Zeit ist gekommen, dass der Wind der Veränderung durch die Wege der Herzen der Menschenkinder weht. Dieser Wind kommt aus den Tiefen des Allmächtigen und wird teilen und offenbaren; viele werden sich unter ihm beugen und weinen, denn sie werden die Wege ihres Herzens erkennen.
Mein Name ist: ´Wahre Buße und Wächter des Herzens.´ Meine Gewänder sind die Gebete der Heiligen und ich bin gesandt vom König aller Könige, um sein Volk in die Erkenntnis wahrer Buße zu führen; Buße, die aus dem Erkennen der unbeschreiblichen Gnade von Jesus geschieht, und aus der Güte des Heiligen Gottes kommt.
Ich werde anfangen bei denen, die in den letzten Jahren die Schmerzen der eigenen Wege erfahren haben und werde sie die Wege des Herrn lehren. Genauso wie du hierher gekommen bist, werden auch andere den Weg in die Tiefe Gottes, des Herrn finden.
Ich werde nach Altären schauen, die Menschen hindern, zum Thron zu kommen, der in ihren Herzen aufgerichtet sein soll. Aber bevor ich das vollbringe, tue Buße."

Als ich diese Stimme hörte, schaute ich in seine Augen und konnte diese Liebe und Barmherzigkeit sehen. In dieser Liebe und Barmherzigkeit erkannte und sah ich Bereiche meines Herzens, die mir nicht bewusst waren. Ich sah alle Situationen, in denen ich durch Taten oder Worte, Menschen weh getan habe; Menschen, die ich im Dienst lieblos behandelt habe, Momente in denen ich meine Frau und meine Kinder verletzt habe. Es war wie ein Spiegel, der mir vorgehalten wurde und ich stellte mich dieser Tatsache.

Ich sagte: *„Es tut mir leid."* und war erfüllt von seiner Güte und Barmherzigkeit. *Plötzlich trug ich einen dicken, farbigen Mantel und eine Stimme rief: „Macht Bahn, macht Bahn für den Sohn, ein Kind des Lichts und Vertrauter des Herrn."*

Ich stand auf einer goldenen Straße und bestaunte den Pelz auf dem Mantel mit dem wunderschönen Muster, welches wie Jahreszahlen aussah. Als ich diese betrachtete, sah ich Momente, in denen ich in Liebe handelte und eine Stimme rief: *„Die Liebe, die Liebe, die Liebe aber ist das Größte. Komm, denn du hast eine Audienz bei der Liebe."*
Jedes Mal wenn die Stimme rief: *„die Liebe"* flogen kleine goldene Vögel um mich herum. Es war ein Zwitschern in der Luft zu hören, und ich konnte den Frühling riechen. Alles war so rein und begann zu blühen.

Ich stand da und sah in der Ferne einen weißen Berg, von dem Rauch ausging; aber kein dunkler, sondern weißer Rauch. Blitze zuckten an der Bergspitze. Mein Herz sprach: *„Komm, lass uns gehen hinauf zum Berge des Herrn und lass uns treffen meinen Geliebten, denn mein Geliebter ist mein und ich bin sein und ich will nirgendwo anders sein."*
Ich sagte: *„Ja"* und rannte los. Obwohl mein Mantel so schwer aussah, war alles so leicht und je näher ich dem Berg der Liebe kam, umso leichter wurde es. Die goldene Straße führte nach oben, aber auf meinem Weg sah ich Menschen, die auf der Straße entlang krochen. Sie trugen Lumpen und einer ein Schild mit der Aufschrift: `Unwürdig`. Als ich das sah, sagte eine Stimme: *„Das sind die Altäre Satans, der alten Schlange, dem Verderber von Nationen."*

Schau nicht auf diese Zeichen, denn es sind nicht die Zeichen des Herrn. Du trägst das Gewand der Gnade. Der Pelz ist die Geborgenheit des Herrn. Niemand kann ihn sich verdienen, sondern er wird einem gegeben. Er wird dich wärmen in den kalten Nächten des Lebens. Ich überlegte mir, wie ich ihn bewahren könnte. Da antwortete die Stimme: *„Indem du nicht auf die Schilder am Rande der Straße schaust. Schaue nicht zur Rechten oder zur Linken, sondern schau auf den Berg des Heils und der ewigen Errettung."* Lauf zum Thron des Lebens; dort wo du eins bist mit dem Licht, dem ewigen Licht des Herrn."
Da kam mir folgender Vers in den Sinn: *„Ich sage nicht, dass ich es schon ergriffen habe, aber ich strecke mich aus, nach dem was vor mir liegt."* (Phil. 3,12)

Dann sah ich einen Mann an der Seite, mit dem Rücken zum Berg sitzend, und mit erhobenen Händen betend. Ich wollte beobachten, was er anschaute und eine Stimme sagte zu mir: *„Schau nicht zurück, denn das ist der zweite Thron Satans, des Lügners und des Mörders, denn wer zurückschaut, betet das Vergangene an, und nicht den, der von sich sagt: „ICH BIN."*

Als die Worte *„ICH BIN"* ausgesprochen wurden, bebte die Straße unter meinen Füßen. Ich schaute auf die Straße, die aus vielen goldenen Steinen bestand. Die Steine hatten Gesichter und jubelten: *„Hosanna, Hosanna - gelobt sei der, der da kommt im Namen des Herrn."*

Mein Vorankommen wurde beschleunigt durch die Anbetung und der Gnade des `beschenkt seins`. Je näher ich diesem Berg entgegen rannte, umso mehr erfasste mich eine Kraft. Ich fühlte mich, als wäre eine Kraft in mir, die mich dazu bringen konnte, mit einem Sprung über Schluchten zu springen.

Nun verstand ich, warum David schon sagte: *„Mit meinem Gott springe ich über Mauern."*
Je näher ich zum Ende der Straße kam, umso höher wurde diese Mauer aus Rauch und silbernem Feuer. Goldstaub legte sich auf meine ganze Haut.

Mittlerweile rannte ich so schnell, dass es unmöglich war zu stoppen, aber das wollte ich auch nicht, denn ich war erfüllt von der Kraft des Herrn. Als ich dann mit aller Kraft absprang und in dieses Feuer hinein tauchte, breitete ich meine Arme wie ein Adler aus. Für einen Moment fühlte ich mich auch so. Mein Mantel wurde zu Flügeln, und ich wurde durch den blauen Rauch hindurch emporgehoben.

Während ich schwebte, sah ich Menschen am Straßenende stehen. In ihren Händen hielten sie Beutel mit der Aufschrift: `EIGENE WERKE`. Eine Stimme sagte: „Sie haben Unwürde und Zurückschauen überwunden, vertrauen jedoch auf ihre eigenen Werke und können nicht sehen, wie sie diese als Gewichte tragen. Du hast den Mantel des Sohnes und dem vertraue. Das, was er für dich getan hat, gibt dir Zugang. Nun komm und nimm ein Bad im See der Wahrheit, damit du bereit bist, deine wahre Liebe zu treffen. Dort wird man dich waschen durch das Wort und dich salben mit dem Balsam des Geistes, um dich vorzubereiten. Der Name des blauen Rauches, den du gesehen hast ist: „NICHT DURCH HEER ODER MACHT."
Das silberne Feuer ist das reinigende Feuer Gottes, durch welches jedes Herz geprüft wird. Du bist nun bereit, im Wasser des Lebens zu baden. Warte bis du gerufen wirst."

Ein Mann reichte mir in einer goldenen Schale, besetzt mit Diamanten am Rand, etwas zu trinken. Meine Augen wurden hell und klar als ich davon trank.

Nun sah ich, dass ich fähig war zu lieben, denn ich sah Jesus, wie er liebte. Wir schauen ihn an und werden in sein Bild verwandelt von Schönheit zu Schönheit.
Immer stärker wurde ich von einer Reinheit erfüllt. Während dies geschah, hörte ich: *„Und der, der das gute Werk in euch begonnen hat , wird es auch zu Ende bringen."* (Phil. 1,6)

Ich fing an, mich so zu sehen wie Er mich sieht, und die Fähigkeiten zu erkennen, die Er hat.

„Warte bis du gerufen wirst", sagte man mir. Das Warten war nun nicht mehr schwer.

APPENDIX F: DAS LEBEN VON ABRAHAM ALS BEISPIEL FÜR EINE FORTLAUFENDE PROPHETIE

Am Beispiel des Lebens von Abraham wird verdeutlicht, dass Prophetie fortlaufend ist.

Alter - ca.	Bibelstelle	Persönliche Prophetie
50 Jahre	Apg. 7,2-3 1. Mose 11,31-12,1	Abraham bekam das erste Wort von Gott. Er aber sprach: Ihr Brüder und Väter, hört! Der Gott der Herrlichkeit erschien unserem Vater Abraham, als er in Mesopotamien war, ehe er in Haran wohnte, und sprach zu ihm: „Geh aus deinem Land und aus deiner Verwandtschaft, und komm in das Land, das ich dir zeigen werde!" Vielleicht heiratete er Sarah bevor er Ur in Chaldäa verließ.
75 Jahre	1.Mose 12,1-3 1.Mose 12,4+5	Die persönliche Prophetie wird bestätigt und genauere Details werden aufgezeigt: Verlasse jetzt dein Vaterhaus, verlasse Haran und geh ins verheißene Land. Ich will dich zu einer Nation machen... Abraham hatte nicht von Anfang an die ganze Prophetie.
76 Jahre	1.Mose 12,7	Und der HERR erschien dem Abram und sprach: Deinen Nachkommen will ich dieses Land geben. Und er baute dort dem HERRN, der ihm erschienen war, einen Altar. Bestätigung des richtigen Ortes: „*dieses Land*". Abraham geht, tut das, was Gott ihm gesagt hat. Er bekommt das Wort nachdem er gegangen ist. Gott setzt eins drauf wenn wir gehandelt haben. Während unseres Lebens, während wir in Bewegung sind, spricht Gott, setzt ein Puzzleteil dazu. Gott will dem Abraham Nachkommen geben.
80 Jahre	1.Mose 13,14-17	Anweisungen – Abrahams Verantwortung: Steh auf, geh und schaue, Länge und Breite. Es wird spezifischer, Himmelsrichtungen. Er musste das Land durchziehen = prophetische Handlung. „Jeden Ort, darauf eure Füße treten, hab ich euch gegeben." Er musste diese Wege gehen bevor Gott weitersprach.
83 Jahre	1.Mose 15,1-21	Gottes Bund mit Abraham.
85 Jahre	1. Mose 16,1-16	Sarah überredet Abraham, mit der Magd einen Sohn zu zeugen. Im Alter von 75 Jahren bekam Abraham die Verheißung für einen Sohn.
86 Jahre	1. Mose 16,15 - 16	Abrahams Nachkomme von Hagar, der Magd: Ismael wird geboren.

Alter - ca.	Bibelstelle	Persönliche Prophetie
99 Jahre	1.Mose 17,1-14	Neue Anforderungen: Sei völlig gehorsam. Sei weiter gehorsam. Die Prophetie trifft noch nicht ein; kurz vor der Erfüllung werden die Leute untreu und dann verzögert es sich, weil man nicht gehorsam war.
	1.Mose 18,18	Neuer Bund: Beschneidung.
	1. Mose 17,5	Neuer Name: Abraham statt Abram.
99 Jahre	1. Mose 17,15-21	Prophetie bezüglich Sarah. Erste Erwähnung dass Sarah die Mutter des Kindes sein muss, 24 Jahre nach der ursprünglichen Prophetie. Aus Sarai wird Sarah.
100 Jahre	1. Mose 18,1-15	Gott offenbart seine Ziele bezüglich Sodom und Gomorra. Gott spricht mit Abraham über Sodom und Gomorra. Warum offenbarte Gott Abraham seine Geheimnisse und spricht mit ihm darüber? • Amos 3,7: Abraham ist ein Prophet (1.Mose 20,7). Denn der Herr, HERR, tut nichts [w. tut keine Sache, o. wirkt kein Ereignis], es sei denn, dass er sein Geheimnis [o. seine vertrauliche Besprechung] seinen Knechten, den Propheten, enthüllt hat. • 1. Mose 18,18: Sein Potential, seine Person und die Auswirkungen. Abraham soll doch zu einer großen und mächtigen Nation werden, und in ihm sollen gesegnet werden [o. sich Segen wünschen] alle Nationen der Erde! • 1. Mose 18,19: Vaterschaft, Hauspriester, Aufseher. Gott nimmt ihn mit hinein in seinen Ratschluss. Mit der Gemeinde ist es auch so. Gott lässt mit sich reden; er ist nicht so wie Allah.
103 Jahre	1. Mose 21,9-21	Schlussfolgerung: Abraham erfülle deinen Teil, denn Gott hat seinen Teil getan: • Wirf Hagar und Ismael raus = eigene Vorstellungen und Werke. Es muss eine Trennung da sein zu dem Eigenen, eigene Werke, Selbstgemachten. Eine Loslösung. (Isaak -Ismael) • Gott stellt sich zu diesem Fehler und versorgt Hagar und Ismael. Es war nicht Hagars Fehler, sondern der Fehler von Abraham und Sarah. • Für 22 Jahre scheint alles gleich zu bleiben.
125 Jahre	1. Mose 22,1-18	Abraham sollte seinen Sohn opfern. Gott prüfte ihn damit. Zuvor ist er schon verschiedene Prüfungen durchlaufen. Obwohl er Fehler machte, ist Gott zu ihm gestanden; denn er kehrte um.
141 Jahre	1. Mose 25,1-6	Er heiratet Ketura und hat sechs Söhne.
160 Jahre	Hebr. 11,9	Er siedelte sich im Glauben im Land der Verheißung an, wohnte in Zelten und in der Fremde.
175 Jahre	1. Mose 25,.7-11	Abraham stirbt im Alter von 175 Jahren.

Tabelle A-1: Überblick über das Leben von Abraham aus Prophetischer Sicht

GLOSSAR

AUTORITÄT: Einfluss ausüben, von Gott gegebene Vollmacht.

DÄMONEN: gefallene Engel, unter dem Einflussbereich Satans.

ENGEL: von Gott erschaffene Geistwesen um uns zu dienen; es gibt gute und böse (Dämonen)

FALSCHE PROPHETIE: nicht wahr, nicht korrekt, irreführend, hauptsächlich auf die Person bezogen, die das prophetische Wort weitergibt.

GESICHT: etwas bildhaft von Gott her zu sehen.

GLAUBE: Gott kennen und ihm vertrauen, zustimmen, ja zu sagen und übereinzustimmen mit dem was Gott sagt und danach zu handeln.

LEBEN IM ÜBERNATÜRLICHEN: Bewusstsein und Erleben der Realität und Möglichkeiten Gottes (des Himmels) in unserem alltäglichen Leben.

HERZ: allg. Sitz der Persönlichkeit.

HERZ GOTTES: Gedanken, Wünsche, Sehnsüchte und Empfindungen Gottes.

LOGOS: laut Duden: auf Verstehen angelegte Rede, Sprache, menschliche oder göttliche Vernunft, logisches Urteil (in antiker Philosophie), oder Vernunft Gottes als Weltschöpfungskraft, Offenbarung, Wille Gottes und Mensch gewordenes Wort Gottes in der Person Jesu (in Theologie); hier: etwas abschließend ansprechen, das Aussprechen eines Gedankens, einer Schlussfolgerung.

METAPHER: Beschreibung von Dingen im übertragenen Sinne, oftmals durch bildhafte Vergleiche.

PROPHETIE, PROPHETISCHES WORT: das Aus- und Hineinsprechen von Gottes Wort, Gottes Gedanken und seiner Sichtweise in eine Situation hinein, oftmals auch das Ankündigen von Ereignissen durch die Inspiration des Heiligen Geistes.

RHEMA: das direkte, oftmals eine spezifische Situation betreffende Reden Gottes.

SALBUNG: göttliche Befähigung zu einem Dienst oder Amt.

SCHLÜSSEL: Eine Idee oder Strategie, die uns neue Möglichkeiten eröffnet oder uns den Durchbruch gibt in Lebensbereichen, in denen wir festsitzen; die Fähigkeit, in etwas Einblick zu bekommen.

SÜNDE: Handeln außerhalb des wunderbaren Planes Gottes in unserem Leben (Zielverfehlung) an dem Plan Gottes vorbei leben und deswegen Dinge zu tun die einem selbst oder anderen langfristig oder kurzfristig schaden.

UNGENAUE PROPHETIE: nicht exakt, nicht ganz der Wahrheit entsprechend im Sinne von ungenau, nicht völlig, zu einhundert Prozent zutreffend.

WORT DER ERKENNTNIS: übernatürliche Offenbarung von Tatsachen.

LITERATURVERZEICHNIS

Bauer, W., Aland, K.: Wörterbuch zum Neuen Testament, De Gruyter, Berlin/ New York, 6. Aufl., 1988

Beale, A., Thompson, A: Divinity Code to Understanding your Dreams and Visions, Destiny Image Publishers, 2013

Begrich, G.: Namen und Namensgeschichten in der Bibel, Radius, Stuttgart, 2011

Bevere, J.: Spricht so der Herr - Erkenne wann es Gott ist, der durch andere Menschen zu dir redet, Adullum, 2002

Blenkinsopp, J: Geschichte der Prophetie in Israel. Von den Anfängen bis zum hellenistischen Zeitalter, Kohlhammer, 1998

Bruner, F.D.: A Theology of the Holy Spirit - The Pentecostal Experience and the New Testament Witness, Eerdmans, Grand Rapids/Mich., 1970

Burge, G.: The Anointed Community - The Holy Spirit in the Johannine Tradition, Eerdmans, Grand Rapids/Mich., 1987

Burgess, St., McGee, G., Alexander, P.: Dictionary of Pentecostal and Charismatic Movements, Regency/Zondervan, Grand Rapids/Mich., 1988

Carson, D.: Showing the Spirit: a theological exposition of 1 Corinthians 12-14, Baker House, Grand Rapids/Mich., 1987

Cunninham, L.: Bist Du es Herr, Jugend mit einer Mission e.V., 1987

Deere, J.: Das Geschenk der Prophetie für Einsteiger, Projektion J, 2002

Dreytza, M.: Der theologische Gebrauch von ruah im Alten Testament - Eine wort- und satzsemantische Studie, TVG Brunnen, Gießen/Basel, 1990

Fee, G., Douglas, S.: Effektives Bibelstudium, ICI, Asslar, 1999

Fee, G.: Paul, the Spirit and the People of God, Peabody/Mass., Hendrickson, 1996

Gentile, E. B.: Eure Söhne und Töchter werden weissagen, Asaph, 1999

Haug, H. (Hrsg.): Name und Orte der Bibel, Biblische Verlagsgesellschaft, Stuttgart, 2002

Heller, A.: 200 Biblische Symbole, anhand von etwa 3000 Bibelstellen erklärt, Paulus Verlag, Heilbronn, 6. Aufl., 1998

Heller, A.: Biblische Zahlensymbolik, Paulus Verlag, Heilbronn, 6. Aufl., 2004

Kaldewey, J., Die starke Hand Gottes, Koinonia, 2001

Kissell, Barry, The Prophet's Notebook, Kingsway, Eastborne, 2002

Kobialka, Martin H.:Der Heilige Geist Sein Wesen und Wirken, Heidelberg, 2008

Kratz, R. G.: Die Propheten Israels, Beck, München, 2003

Lloyd-Jones, Martin, The Sovereign Spirit: Discerning His Gifts, Harold Shaw, Wheaton/Ill., 1985

Miligan, I.: Träume deuten, Träume verstehen - Ein biblisches Handbuch, um Gottes Stimme zu hören - mit Bedeutungswörterbuch

Pytches, D.: Prophecy in the Local Church, A Practical Handbook and Historical Overview, Hodder and Stoughton, London/Sydney/Auckland, 1993

Schumacher, H.: Die Namen der Bibel.

Schwennen, J.: Biblische Eigennamen. Gottes-, Personen-, und Ortsnamen im Alten Testament, Hänssler, Neuhausen, 1995

Stibbe, M.: Know Your Spiritual Gifts, Marshall Pickering, London, 2000

Stronstad, R.: The Charismatic Theology of St. Luke, Hendrickson, Peabody/Mass., 1984

Turner, M.: The Holy Spirit and Spiritual Gifts - Then and Now, Paternoster, Carlisle, 1996

PROPHETISCHES REDEN IM GESCHÄFTSLEBEN

Ein Finanzdienstleister berichtet

Ich erhalte bis heute fast täglich Hilfe von Jesus bei der Führung unserer Firma. Oft hat er mich durch prophetische Träume genau gesagt, was als nächstes im Büro zu tun ist und welche Aufgaben verschoben werden können. Manchmal hat er mich vor falschen Partner gewarnt, die mich betrügen wollten.

Am meisten haben mich auch prophetische Worte berührt, die von Stefan Driess gesprochen wurden. Dadurch erhielt ich Glaube und Kraft in schwierigen Zeiten durchzuhalten. Ich lernte dadurch, an dem zu mir persönlich gesprochenen Wort Gottes fest zu halten und die Wege Gottes für mein Leben und meine Berufung zu verstehen.

Göttlicher Auftrag durch ein Prophetisches Wort – eine Hotelbesitzerin berichtet

In unserem Hotel führen wir seit vielen Jahren eine Gemeinde.

Im Januar 2012 erhielten wir als Gemeinde sinngemäß folgendes Prophetisches Wort: *„Der Herr möchte euch einen starken Einfluss in einer Art Asylantenhaus geben. Es werden Gebäude sein, indem Menschen anderer Nationen leben. Da wird für Euch praktische Hilfe sein und eine Zeit, in der Gott Möglichkeiten geben wird. Einzelne Personen der Gemeinde müssen wachsam sein, um die Möglichkeiten, die sich im Umfeld ergeben, zu ergreifen."*

Im Oktober des gleichen Jahres wurden einige Asylanten in unserer Nachbarschaft auf einem Bauernhof untergebracht. Wir waren im ersten Moment erschrocken und wollten beten, dass Gott dies verhindert. Damals hatten wir einige Vorurteile. Jedoch verspürten wir im Gebet einen Widerstand und wurden wie gehalten. Wir konnten nicht in diese Richtung beten.

Dann fiel uns plötzlich das Prophetische Wort ein. Wir erfuhren, dass die Asylanten wegen ihres christlichen Glaubens ihr Land verlassen mussten. Sie sind heute ein Segen und Menschen aus unserer Gemeinde sind ein Segen für sie. Die meisten von ihnen sind ein Teil unserer Gemeinde und hören regelmäßig das Wort Gottes. Sechs Personen ließen sich taufen.

VON DENEN, DIE DEN AUTOR PERSÖNLICH KENNEN

Helmuth Eiwen _____

Ich habe zusammen mit meiner Frau Stefan Driess persönlich kennengelernt, als er auf einer prophetischen Konferenz in Nürnberg predigte und prophetisch diente. Von Anfang an hat der Geist Gottes unsere Aufmerksamkeit auf diesen Mann gelegt und wir spürten eine besondere Salbung auf ihm. Bis dahin hatten wir noch nichts von ihm gehört. Als bei dieser Konferenz über uns von einer anderen Sprecherin ein prophetisches Wort ausgesprochen wurde, kam Stefan zu uns herüber und begann für uns zu beten. Sein prophetisches Gebet für Uli, meine Frau, war so tief, dass sie ganz stark in ihrem Herzen berührt wurde.

Diese Erfahrungen nährten in uns den Wunsch, Stefan nicht nur persönlich besser kennen zu lernen, sondern ihn auch in unsere Gemeinde nach Wiener Neustadt, einer Stadt südlich von Wien, zu einem Dienst einzuladen. Seither hat er mehrere Male in unserer Gemeinde gedient und ist zu einem prophetischen Freund nicht nur für mich, sondern für die ganze Gemeinde geworden, die ihn und seinen prophetischen Dienst sehr schätzt.

Auffällig und beeindruckend an Stefan ist vor allem sein Verlangen, ganz aus dem „Hören auf den Herrn" zu reden und zu dienen. Das bezieht sich nicht nur auf seine speziellen prophetischen Dienste, sondern eigentlich auf sein ganzes Leben. Ich erlebe ihn als jemand, der ganz in der Abhängigkeit von Jesus leben möchte und daher bereit ist, auch spontan im Gehorsam dem Reden Jesu gegenüber zu reagieren und zu handeln. Durch die Jahre hindurch hat er sich danach ausgestreckt, die Stimme Jesu immer besser hören zu können, was ja die Voraussetzung für einen prophetischen Dienst ist. Das Prophetische ist in seinem Leben aber nicht nur eine Gabe des Geistes, sondern ein Lebensstil, weil er eben nicht nur prophetisch dient, sondern prophetisch lebt. Darum betont er auch mit Nachdruck, dass der „Ort" für das Prophetische nicht bloß die Gemeinde und die Veranstaltungen darin ist, sondern der Alltag des Lebens. Dafür Gottes Stimme zu hören und danach zu leben, ist ihm ein ganz wichtiges Anliegen.

In welcher Form er auch immer dient, bricht das Prophetische durch, gerade auch im Bereich von Evangelisation. In seiner Leidenschaft für Jesus hat er ein großes Herz und damit eine große Last für die „Verlorenen", auch für solche, denen sich kaum jemand widmen würde. Seine Sehnsucht ist es, Menschen für Jesus zu gewinnen, ihnen in der Liebe Jesu zu begegnen und ihnen aus dem prophetischen Hören heraus vollmächtig zu dienen. Aus diesem Grund ist sein prophetischer Dienst auch von Zeichen und Wundern begleitet.

Vieles spielt sich dabei außerhalb der Kirchenmauern ab. Sein Fokus ist es, Menschen mit dem Evangelium zu dienen und sie mit der Kraft Gottes dort zu konfrontieren, wo sie leben und arbeiten. Dazu braucht es prophetische Führung und prophetische Kraftfreisetzung. Gott hat Stefan viele Male im Sinne „prophetischer Evangelisation" gebraucht und ihn dadurch zu einem glaubwürdigen Zeugen und Lehrer in diesem Bereich gemacht.

Auch wenn Stefan in der Gemeinde predigt, ist ihm nichts wichtiger, als das tiefe Verlangen, das Herz Gottes den Menschen zu offenbaren und aus dem Hören zu predigen.

Ich erlebe seinen spezifischen prophetischen Dienst als kompetent und echt, gerade auch im Bereich persönlicher Prophetie, durch die ich selbst und viele in der Gemeinde gesegnet worden sind.

Was ich an Stefan sehr schätze ist sein persönlicher Umgang mit Prophetie und wie er das Prophetische in der Gemeinde vermittelt. Da sehe ich eine große Ausgewogenheit, Reife, Ernsthaftigkeit und den Versuch, dem Prophetischen den „Platz" zuzuordnen, den es im Reich Gottes haben sollte, ohne es in irgendeiner Weise über zu betonen. Er weiß um all die Gefahren und den möglichen Missbrauch von Prophetie und sieht daher die absolute Notwendigkeit des „Prüfens."

Gleichzeitig erlebe ich aber auch die Unkompliziertheit, mit der Stefan an das Prophetische herangeht, als sehr erfrischend und anziehend. Er macht es den Menschen „einfach", sich auf die Welt des Prophetischen einzulassen, ohne dass es dabei an Tiefe verliert oder banal wird.

Seine Befähigung, Menschen im Bereich des Prophetischen ganz stark zu ermutigen, zu schulen und zu entfalten, ist offensichtlich. Ich glaube, dass darin eine seiner großen Berufungen liegt, andere Menschen auf sehr praktische Art in das Prophetische einzuführen und darin „Mentor" und „Trainer" zu sein.

Es berührt mich, zu sehen und zu erleben, in welcher Freiheit des Geistes, aber auch mit welcher Weisheit er Menschen, auch Jugendlichen, helfen kann, selbst Schritte im Glauben zu wagen und auf dem „Wasser zu gehen".

Ich habe Stefan Driess als einen Mann kennengelernt, dessen Charakter, Echtheit und leidenschaftliche Hingabe an Jesus mich überzeugt haben. Darum kann und will ich mich ganz hinter seinen prophetischen Dienst stellen.

Helmuth Eiwen ist Pastor der ICHTHYS-Gemeinde in Wiener Neustadt.

Dr. Eckehart Lorenz _____

Herrn Stefan Driess kenne ich persönlich seit dem Jahre 1995. Von jenem Jahr an hatte ich regelmäßig Gelegenheit, seine persönliche Entwicklung wie auch die seines Dienstes wahrzunehmen. Seit 1999 ist Herr Driess verheiratet mit Louise. Sie haben zwei Kinder. Im Privatgespräch wie beim öffentlichen Dienen beeindruckt vor allem die Weise, mit welcher Wertschätzung und Innigkeit Herr Driess von seiner Familie spricht. Zu Fragen der Eheführung wie der Kindererziehung beweist er ein reifes geistliches Urteilsvermögen.

Sein Dienst ist geprägt vom reichlichen Gebrauch der Gnadengaben (z.B. 1. Kor. 12-14, Röm. 12, 1.Thess. 5, 19-21, 1. Petr. 4, 10). Die Präzision seiner Worte der Erkenntnis und seiner Weissagungen überzeugt jeden, der auf diesem Gebiet Erfahrungen sammeln durfte. Ganz besonders hervorzuheben ist die verantwortungsvolle Weise, in der Stefan Driess mit den Informationen umgeht, die ihm aus dem Übernatürlichen zufließen. Immer wieder berichten Betroffene, dass sie während Herrn Driess' Fürbitte von langwierigen Leiden geheilt bzw. von ungeistlichen Belastungen (z.B. chronische Angst) befreit wurden.

Und wenn ich prophetisch reden könnte und wüsste alle Geheimnisse und alle Erkenntnis und hätte allen Glauben, sodass ich Berge versetzen könnte, und hätte die Liebe nicht, so wäre ich nichts, schreibt der Apostel Paulus (1. Kor. 13, 2). Die Vaterliebe unseres dreieinigen Gottes prägt die Weise, wie Herr Driess anderen Menschen begegnet. Man darf sagen: Sie bildet den Dreh- und Angelpunkt seiner Gotteswahrnehmung und seines Dienstes. Dies bekunden auch seine bisherigen Buchveröffentlichungen. Sein seelsorglicher Rat und seine prophetischen Worte haben zahllose Menschen ermutigt, weiterhin und noch mehr als bisher Gott in allen Dingen zu vertrauen. In seinen humorvollen Predigten spiegelt sich ein ausgewogenes Verständnis der Heiligen Schrift. Sein Dienst ist geprägt von einer besonderen geistlichen Autorität und Kraft. Dies versetzt Herrn Driess in die Lage, auch Menschen, die in der Esoterik gefangen sind, von der Wahrheit des Evangeliums Jesu Christi zu überzeugen. Für alles, was seine Hörer in Erstaunen versetzt, gibt Stefan Driess alleine unserem Herrn Jesus Christus die Ehre. Sein tiefes Gespür für die Ganzheit des weltweiten Leibes Christi nährt seine Achtung und seine Offenheit gegenüber den verschiedensten christlichen Konfessionen und Kirchen. Aus den genannten Gründen betrachte ich das Wirken von Stefan Driess als eine wertvolle Ergänzung der pastoralen Dienste lebendiger Gemeinden und Gemeinschaften.

Dr. Eckehart Lorenz ist internationaler Studienleiter aus Heidelberg

Haben Sie ihr geistliches Wachstum vernachlässigt? Fragen Sie sich was Ihre Bestimmung ist und warum Sie auf dieser Erde sind?

Kommen Sie geistlich einfach nicht weiter? Wollen Sie geistliche Prinzipien verstehen, die Ihnen weiter helfen und Sie auf Erfolgskurs bringen?

Suchen Sie nach etwas, das Sie im Alltag stärkt und ermutigt? Dann ist dieses Schulungs-Programm für sie genau das Richtige! Wollen Sie sich nicht verändern und ein besserer Mensch werden? Dann vergessen Sie ES!

Spiritual Development School:
Entwickle Deine von Gott gegebenen geistlichen Fähigkeiten

Mit Online-Trainingsangeboten zu folgenden Themen:

• Wie kann ich erkennen und verstehen was der Schöpfer der Welt mir sagen möchte?

• Wie kann ich Gottes Herz besser verstehen und kommunizieren?

• Wie werde ich Altlasten los und kann neu beginnen?

• Wie kann ich Jesus besser kennen und anderen vorstellen?

• Was sagen mir meine Träume?

• Zeichen und Wunder auch heute noch erleben und ganzheitlich Heil werden

• Geheilt und befreit das Leben genießen indem ich meine Bestimmung finde

Erfahrungsbericht einer Teilnehmerin:

„Die Teilnahme an einer Schule mit Stefan Driess veränderte mein Leben völlig. Ich bekam nicht nur biblische Lehre über den Prophetischen Dienst, sondern wurde direkt zum Herz des himmlischen Vaters geführt. So erfuhr ich Heilung und Wiederherstellung in vielen Bereichen des Lebens und lernte, die prophetische Begabung zu erkennen und sie zu entwickeln."

Weitere Informationen unter:
www.geistlichwachsen.de oder
www.gottesstimmehören.de

Kontakt: info@geistlichwachsen.de

Spiritual
Development
School

HIGHWAY TO HELL

Ein Lebensbericht von Stefan Driess, vom Holigan zum Jesus–Anhänger:

Auf der Suche nach Anerkennung und Liebe, in den Genüssen, die die Welt uns zu bieten hat, bemerkt Stefan anfänglich nicht, wie zwei Mächte um sein Leben ringen.

Als Anführer einer Gruppe von Holigans, das Leben aussichtlos gezeichnet von Drogen, Gewalt und Hass, findet er keinen anderen Ausweg, als sich das Leben zu nehmen. In dieser Nacht treffen zwei Kräfte aufeinander.

Stimmen zum Buch:

„Vom Rowdy ohne Hoffnung zum Ritter des Herrn!" (Rheinpfalz Zeitung)

„Ich bin froh, dass Stefan auf seinem Weg mit Gott nicht aufgegeben hat und heute denen Mut machen kann, die wie er einen schlechten Start hatten. Ich hoffe, dass Viele durch das Lesen dieses eindrücklichen Lebensberichtes überzeugt werden und selbst die befreiende Kraft von Jesus erleben." (Christel Dürr, Sozialarbeiterin in einer Jugendarrestanstalt)

„Vielen Dank, dass du in deinem Buch so ehrlich über deine Fehler geschrieben hast. Das hat mich sehr ermutigt. Ich habe es 3 mal hintereinander gelesen." (G.B.)

„Ich habe meinem Arbeitskollegen das Buch gegeben. Als er nach dem Wochenende wieder an den Arbeitsplatz kam, stellte ich fest, dass er sich verändert hat. Er erzählte mir, dass er sich in dem Buch wiederfand und deshalb weinen musste. Er hätte das Gebet, das am Ende des Buches steht, gesprochen, und sein Leben Jesus gegeben." (M.C.)

„Ich bin Moslem und habe ihr Buch gelesen. Es hat mich so berührt was Jesus in ihrem Leben getan hat. Bitte nehmen sie mit mir Kontakt auf und helfen sie mir." (Inhaftierter einer Jugendhaftanstalt)

Erhältlich unter:

www.grace-production.com